빌사남이
알려주는
꼬마빌딩
실전 투자 가이드

빌사남이
알려주는
꼬마빌딩
실전 투자 가이드

.

빌사남이 알려주는 꼬마빌딩 실전 투자 가이드

김윤수(빌사남) 지음

천그루숲

머리말

우리나라 부동산시장은 투기 수요를 잡기 위해 주택에 대한 대출을 규제하고 있다. 이로 인해 사상 최악의 경기임에도 불구하고 상대적으로 규제가 적은 꼬마빌딩에 투자하려는 투자자들이 꾸준히 늘고 있다.

그렇다면 꼬마빌딩의 매력은 과연 무엇일까? 꼬마빌딩은 분양상가처럼 대지 지분만 소유하는 것이 아니라 대지 전체를 소유하며, 건축법상 문제가 없다면 리모델링이나 신축 등의 건축행위를 통해 건물의 가치를 올릴 수 있으며, 임대수익뿐만 아니라 향후 시세차익까지 얻을 수 있다. 또 건물에 주택에 해당하는 부분이 없으면(근린생활시설) 매입시 자금조달계획서를 제출할 필요도 없고, 주택에 비해 재산세도 상대적으로 낮고, 종합부동산세 대상도 아니며, 특별한 규제

없이 감정가액에 따라 대출이 나오는 등 다른 부동산 투자상품보다 매력이 크다고 할 수 있다.

물론 투자대상으로서의 꼬마빌딩은 일반적인 아파트나 상가 투자처럼 접근해서는 안 된다. 단순하게 다른 사람들의 성공사례나 수익률만 보고 투자해서는 안 되는 것이다. 같은 도로에 있는 건물이라고 해도 건물마다 특징과 매매금액이 다르고, 일반적인 임대수익률만 분석하는 게 아니라 기본적인 대지 분석부터 건물 분석, 임차인 분석 등 확인해야 할 항목들이 많기 때문이다.

이 책은 꼬마빌딩 투자자들이 꼭 알아야 할 빌딩 투자의 기본적인 내용뿐만 아니라 다양한 실전 투자 노하우, 성공사례와 실패사례, 빌딩 가치를 올리는 방법 등 이론상의 이야기가 아닌 필자가 빌딩 중개업을 하며 경험했던 다양한 사례들과 실제 투자자의 생생한 사례들을 상세하게 담았다. 이 책을 통해 꼬마빌딩 투자에 도움이 되기를 바라며, 이 책의 독자분들 중에서 많은 성공사례들이 나왔으면 좋겠다.

끝으로 이 책이 출간될 수 있도록 함께해 주신 천그루숲 백광옥 대표님, 세무 관련 내용에 많은 조언을 해주신 회계법인 마일스톤 양제

경 대표 회계사님, 그리고 사랑하는 아내와 두 아들에게 감사의 마음을 전하며, 독자 여러분들도 행복한 꼬마빌딩 건물주가 되기를 진심으로 기원한다.

빌사남 김윤수 드림

2장 꼬마빌딩 건물주가 되는 길

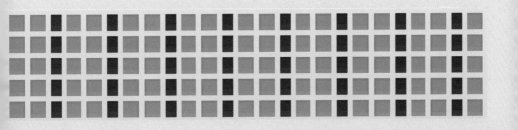

3장 꼬마빌딩 투자, 실전 노하우

4장 꼬마빌딩, 실전 투자의 모든 것

5장 빌딩 투자, 성공을 벤치마킹하다

6장 빌딩 투자, 실패에서 배운다

7장 서울지역 꼬마빌딩 투자 분석

2022년 꼬마빌딩 투자 전망

빌딩 투자를 할 때 가장 중요하게 봐야 할 것은 언제든 원할 때 팔수 있어야 한다는 것이다. 우리는 이를 '환금성'이라고 말한다. 환금성이 높다는 건 수요가 많다는 것이다. 모든 재화는 수요와 공급에 따라 가격이 정해지기 때문에 수요가 많고 환금성이 높은 지역의 빌딩 가격은 오를 수밖에 없다. 그래서 많은 전문가들이 서울지역을 강조하고, 그중에서도 강남지역을 주목하는 것이다.

2021년 서울시 지역별 거래량

2021년에도 역시 강남구에서 가장 많은 빌딩 거래가 있었다. 그리고 같은 강남구라고 해도 동별로 거래량의 차이가 많은데, 역삼동과 논현동, 신사동의 거래가 많았다.

서울시 25개 지역구별 거래량

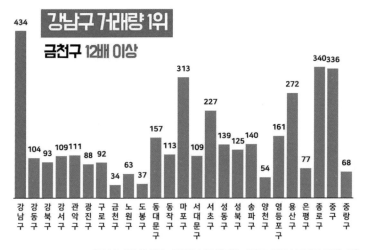

강남구 거래량 1위

금천구 12배 이상

강남구	강동구	강북구	강서구	관악구	광진구	구로구	금천구	노원구	도봉구	동대문구	동작구	마포구	서대문구	서초구	성동구	성북구	송파구	양천구	영등포구	용산구	은평구	종로구	중구	중랑구
434	104	93	109	111	88	92	34	63	37	157	113	313	109	227	139	125	140	54	161	272	77	340	336	68

2021년, 서울시 상업·업무용 부동산(자료 : 국토교통부 실거래가, 단위 : 건)

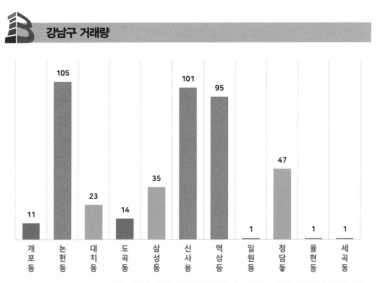 **강남구 거래량**

개포동	논현동	대치동	도곡동	삼성동	신사동	역삼동	일원동	청담동	율현동	세곡동
11	105	23	14	35	101	95	1	47	1	1

2021년, 서울시 상업·업무용 부동산(자료 : 국토교통부 실거래가, 단위 : 건)

2021년 건축연도별 거래량

2021년에 거래된 빌딩 중 약 70%는 준공된 지 20년 이상 된 건물이었다. 준공된 지 10년 미만은 약 10% 정도밖에 되지 않았다. 오래된 건물 중에는 리모델링을 한 건물도 있지만, 대부분은 처음 건축한 그대로의 낡은 건물이었다. 이처럼 낡은 건물의 거래량이 많다 보니 수익률이 안 나오는 경우가 많았다. 반면 신축이나 리모델링된 건물이 매물로 나오면 바로 매각이 된다. 그래서 노후화된 건물을 매입하여 신축이나 리모델링을 통해 공급을 하게 되면 경쟁력이 생겨 좋은 가격에 매각을 할 수 있는 것이다.

 건축연도별 거래량

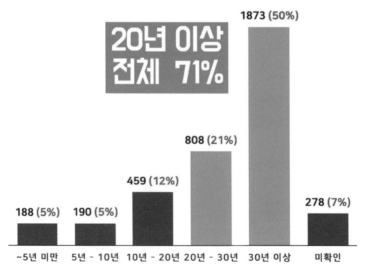

2021년, 서울시 상업 · 업무용 부동산(자료 : 국토교통부 실거래가, 단위 : 건)

2017~2019년
개인·법인 매입비율

2017년만 하더라도 빌딩 시장의 매수자 비율은 개인이 70%였고 법인이 30%였다. 하지만 2019년에는 49:51 정도로 개인과 법인의 매입비율이 동일해졌다.

이렇게 법인 비율이 높아지게 된 계기는 2018년 임대업이자상환비율(RTI)을 적용하면서부터다. 임대업이자상환비율(Rent To Interest)이란 건물의 담보가치 외에 임대수익으로 어느 정도까지 이자상환이 가능한지 산정하는 지표로, RTI가 낮으면 원칙적으로 일정 금액 이상의 대출은 불가능하다. 특히 개인은 RTI의 적용에 따라 임대수익이

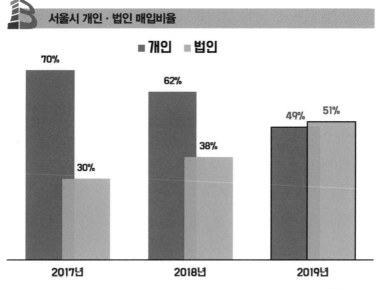

서울시 개인 · 법인 매입비율

■개인 ■법인

2017~2019년, 서울시 상업 · 업무용 부동산(자료 : 인터넷등기소, 단위 : 비율)

발생되지 않는 건물의 대출이 현저하게 줄었지만, 법인의 경우는 RTI가 적용되지 않다 보니 상대적으로 개인보다 대출비율이 높아졌다. 그래서 개인들이 법인을 설립해 빌딩을 매입하는 경우가 많아졌다.

물론 신규법인의 경우 은행에 따라 대출이 어려운 경우도 있지만, 그럼에도 개인보다는 많이 나오는 편이기 때문에 법인을 설립해 빌딩을 매입하는 비율이 높아졌다.

그리고 개인으로 매입하는 경우에도 단독명의보다는 공동명의 비율이 높아졌는데, 그 이유는 소득세가 누진세이다 보니 명의자가 많아질수록 세율구간이 낮아져 세 부담이 줄어들기 때문이다.

코로나19 이후
꼬마빌딩 전망 및 투자전략

코로나19로 인해 자영업자들이 직격탄을 맞았다. 많은 전문가들은 자영업자가 힘들어지면 임대료를 내지 못하는 상황이 발생하기 때문에 빌딩 시장에도 영향을 미칠 거라고 전망했다. 하지만 2021년 국토교통부 실거래가 신고 현황을 보면 거래량은 2020년보다 더 많아졌고 매수문의도 부쩍 늘었다. 이렇게 예상했던 것보다 거래량이 늘어난 이유는 3가지 정도의 요인으로 분석된다.

첫 번째는 돈의 가치가 떨어지며 새로운 신흥부자들이 많이 생겨났기 때문이다. 정부는 코로나 팬데믹이 시작되자 경기를 부양하기 위해 돈을 많이 찍어냈다. 이로 인해 돈의 가치가 계속 떨어지며 인플레이션이 발생되었고, 실물자산인 꼬마빌딩의 가격은 꾸준히 상승했다. 또한 주식과 암호화폐 투자자들도 빌딩 시장에 관심을 가지기 시작하면서 빌딩에 대한 수요가 계속 증가하고 있다.

두 번째 요인은 주택에 대한 대출이 어려워지면서 상대적으로 대출 규제가 적은 빌딩 쪽으로 관심이 옮겨 왔기 때문이다. 빌딩 대출의 경우 RTI가 적용되기는 하지만 그래도 매매가 대비 50% 이상 나오기 때문에, 아파트에 투자하던 투자자들도 레버리지를 이용해 빌딩 투자에 뛰어들고 있다.

세 번째는 대출뿐만 아니라 주택에 대한 세금 부담이 증가하면서 세금 부담이 상대적으로 적은 상업용 꼬마빌딩의 인기가 높아졌기 때문이다. 주택의 경우 취득세가 높아졌을 뿐만 아니라 재산세, 종합부동산세 등 보유에 따른 세금도 높아져 상대적으로 세금 부담이 적은 꼬마빌딩으로 투자자들이 몰린 것이다. 건물의 경우 주택에 해당

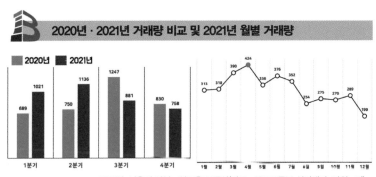

2021년, 서울시 상업 · 업무용 부동산(자료 : 국토교통부 실거래가, 단위 : 건)

하는 부분이 없다고 가정하면 취득세는 4.6%이며, 재산세도 비율이 낮은 편이다. 예를 들어 강남에 50억원 정도 건물을 소유하고 있으면 토지와 건물에 대한 재산세는 대략 1,000만원 정도 발생된다. 그리고 웬만한 대로변의 큰 건물이 아니면 종합부동산세도 없다. 또 매각 시에 중과되는 부분도 없기 때문에 주택 규제에 따른 세금 부담을 느낀 투자자들이 빌딩 시장으로 진입하고 있는 것이다.

이렇게 주택에 대한 여러 규제들로 인해 꼬마빌딩 투자가 활발해졌고, 또 코로나19로 인해 경기 불안감이 커지면서 안전한 지역의 꼬마빌딩에 대한 관심이 높아졌다. 이처럼 경기가 불안할수록 인기 지역에 투자하는 매입사례는 더 증가할 것으로 예상된다. 참고로 국토교통부 통계자료를 봐도 2020년 1분기와 비교했을 때 2021년 1분기 강남지역의 매매 건수가 많이 늘어났다.

그리고 근린생활시설 건물에 대한 인기가 많아지면서 현금 10~20억원 정도를 보유한 투자자들이 대출을 이용해 30~50억원대의 꼬마빌딩을 많이 매입하고 있기 때문에, 30~50억원대의 전 층 근린생활시설로 되어 있는 꼬마빌딩의 인기는 더욱 높아질 것이다. 따라서 노후된 주택 건물을 저렴하게 매입해 신축이나 리모델링을 통해 근린생활시설로 용도변경을 하게 되면 많은 시세차익이 예상된다. 현금이 확보된 투자자라면 지금이 좋은 투자 기회가 될 것이다.

하지만 경기가 불안정하고 자영업자들의 미래가 불확실하기 때문에 이제는 단순히 현재의 임대수익률만 보고 투자할 게 아니라 확실한 운영전략을 가지고 투자를 해야 한다. 예를 들어 임차인 구성을 미리 맞춰두고 빌딩을 매입하거나 건물주가 직접 건물을 사용하여 공실 리스크를 최소화하는 등 안정적인 운영전략을 세워 투자위험을 낮춰야 한다. 예전처럼 매입 당시 건물에 유명 프랜차이즈 임차인이 들어와 있어 당장의 임대수익률만 보고 꼬마빌딩에 투자를 한다면, 지금같이 변동성이 많을 때는 큰 위험에 처할 수 있다. 확실한 운영전략과 매각 전략이 더욱 필요한 시기이다. 특히 건물은 임대수익도 중요하지만 진정한 수익은 건물을 매각할 때 발생하는 시세차익이라는 점을 기억하며 투자에 임하길 바란다.

1장

빌사남,
꼬마빌딩
건물주 되다

최악의 꼬마빌딩을 만나다

　빌딩 전문가가 아무도 거들떠보지 않던 꼬마빌딩을 매입했다. 1960년대에 준공되어 60년이 넘은 3층짜리 최악의 꼬마빌딩이었다.

　외관은 말이 필요 없을 정도로 노후되었고, 내부 상태도 최악 중의 최악이었다. 계단은 가팔라 오르내리기 위험했고, 계단 난간 손잡이도 휘청여 떨어질 위험이 있었다. 건물 내부에는 곰팡이가 잔뜩 끼어 있었고, 악취가 심해 임대가 어려운 건물이라 아주 저렴하게 임대를 주고 있었다. 그렇다 보니 임대수익률은 채 1%가 되지 않아 은행이자도 감당하기 어려운 상황이었다. 매도인이 오래전에 상속을 받아 소유한 건물이었고, 사는 곳과 거리가 멀다 보니 건물 관리가 전혀 되지 않아 방치(?)되어 있는 건물이었다.

　게다가 옆 건물과 맞벽 건물이어서 빽빽하게 붙어 있었고, 대로변

에 있긴 했지만 큰 나무가 건물 전체를 다 가려 건물이 보이지 않았
다. 이런 최악의 조건을 가지다 보니 오랜 기간 매물로 나와 있었지
만 매수자를 구하기 힘들었다. 이렇게 아무도 관심을 갖지 않았던 최
악 중의 최악인 건물을 빌딩 전문가인 필자가 매입했다.

　필자는 왜 이런 말도 안 되는 꼬마빌딩을 매입했을까? 필자가 건
물을 매입하게 된 중요한 포인트는 3가지였다.

첫째, 금액대 대비 환금성

　　　　　　　　　이 건물은 대지면적 14평(약 46㎡), 연면
적 30평(약 99㎡)의 3층 건물로, 매입가는 7억원이었다. 이 정도면 서

울지역 빌딩 매매가로 볼 때는 아주 낮은 편이었다. 웬만한 아파트도 10억원이 넘어가고 심지어 분양상가도 10억원이 넘는 서울지역에서 대지 전체와 건물을 매입하는 총금액치고는 낮은 금액이었다. 리모델링이나 신축을 제대로 해놓으면 나중에 예비매수자들이 봤을 때 분양상가를 10억원 넘게 주고 매입하는 것보다는 이런 건물을 매입하는 것이 훨씬 나을 것으로 판단했다. 건물은 낡았지만 아파트에 투자할 돈 정도로 쉽게 접근이 가능한 금액대라 환금성이 높아 보였다.

둘째, 주변 입지

매입가가 낮은 것도 장점이었지만, 지하철역(환승역)에서 300m 이내에 있는 역세권 건물이라는 점도 마음에 들었다. 건물 주변에는 기본적인 상권이 형성되어 있었고, 지하철역에서 도보로 쉽게 걸어올 만한 입지였다. 그리고 건물 앞 중앙차로 버스정류장에는 약 20개가 넘는 버스 노선이 운행 중이어서 버스 이용객들이 많이 있었고, 건물을 잘만 꾸민다면 버스 승객들 눈에도 잘 띌 수 있을 거라고 생각했다.

그리고 인근에는 고등학교와 대학교가 있고, 주택가가 밀집되어 있어 편한 복장에 슬리퍼를 신고 다니는 젊은 직장인과 학생들이 많이 보였다. 또 여자대학교 인근이다 보니 여성들이 많았는데, 대체적으로 여성들이 많은 지역의 상권이 좋은 편이다.

다만 건물 앞에 큰 나무가 건물을 가리고 있다는 단점이 있었는데,

이는 건물이 대로변에 있다는 장점으로 상쇄할 수 있었다. 대로변에 있는 건물과 이면에 있는 건물은 가치에 있어 큰 차이가 난다. 서울 지역의 역세권 대로변에 있는 건물을 이 정도 금액으로 매입할 수 있다는 건 아주 매력적인 요소였다.

셋째, 리모델링 가능성

대지의 용도지역은 일반상업지역이긴 하지만, 주변 건물과 공동개발로 지정되어 있어 신축은 어려웠다. 그리고 애초에 건물의 대지면적이 15평 미만으로 너무 작아 신축을 할 수도 없었고, 현재의 건폐율이 거의 100%로 꽉 차게 이득을 본 건물이어서 굳이 철거를 하고 신축할 이유가 없었다. 만약 현행 건축법을 적용받으면 60%의 건폐율을 적용받게 되는데, 이 경우 신축 후 현재의 면적을 사용하려면 약 2배 정도의 대지면적이 필요하다.

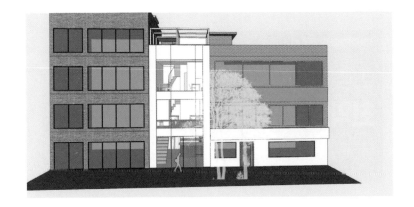

용도지역이 상업지역인 것에 만족했고, 다 쓰러져 가는 노후된 건물의 외부 모습은 투자를 결정하는 데 있어 중요하지 않았다. 어차피 리모델링을 하려고 생각했기 때문에 건물 전체 연면적과 층마다 층고 정도가 관심의 포인트였다. 또 리모델링 후 임대를 했을 때의 예상 임대수익과 이 건물에서 내가 직접 매장(카페)을 운영한다면 각 층마다 몇 개의 테이블을 넣었을 때 어느 정도 수익이 날지가 고민의 대상이었다.

그리고 가장 중요하게 검토했던 것은 임차인들의 명도비용이었다. 임차인이 있는 상태에서 리모델링을 할 수도 있지만, 직접 건물을 운영해서 수익을 낼 목적도 있어 건물 전체를 리모델링하려는 생각이 컸기 때문에 전체 예상 명도비용과 리모델링 비용 산정이 주된 관심 요소였다.

이처럼 이 건물의 경우는 일반적인 투자자들이 중요하게 보는 건물 내외관 모습과 임대수익률, 그리고 평당 대지가격보다는 용도지역, 연면적, 층고, 예상 운영수익률, 명도비용 등을 중요하게 보았다.

누구 명의로 계약할 것인가?

이 건물을 매입하며 매입 주체를 누구로 할 것인지 고민을 했다. 일반적으로 임대수익률이 낮은 건물의 경우 RTI(임대업이자상환비율) 적용을 받지 않는 법인 형태가 유리하지만, 이 건물은 애당초 매입가가 낮아서 개인 명의로 하되, 기본적으로 받을 수 있는 건물 담보대출을 받고 부족한 금액은 개인 신용대출을 활용하기로 했다. 다행히 평소에 소득 신고를 잘하고 있었고, 신용관리를 잘해 놓은 상황이어서 신용대출이 잘 나와 개인 자금이 많이 들지 않았다. 이처럼 향후 2~3년 내에 건물을 매입할 생각을 가지고 있다면 평소 신용관리를 잘해 놓고, 대출받을 은행을 미리 정해 예금 등을 집중해 은행 내부 등급을 올려놓을 필요가 있다.

이렇게 법인보다는 개인 명의로 매입을 하기로 결정한 후에 또 하나 결정할 사항은 단독명의로 할 것인지 공동명의로 할 것인지였다. 이 건물은 매매가격이 높지 않다 보니 이왕이면 배우자와 공동명의로 매입해 세율구간을 낮추는 것이 유리했다. 배우자에게 증여시에는 6억원까지 증여세가 나오지 않는다. 다만 나중에 자금출처 등의 문제가 발생할 수 있으니 공동명의를 한다면 그 지분만큼 증여세 신고가 필요하다. 이렇게 공동명의를 통해 세율구간을 낮춰 놓으면 추후 매각시에 세금 면에서 유리하다. 예를 들어 6억원의 양도차익이 발생한 경우 단독명의로 했을 땐 42%의 세율이 적용되지만, 지분 50%를 가지고 있는 배우자와 공동명의로 매입할 경우 3억원 구간의 세율을 적용받아 38%로 낮아진다. 총금액을 봤을 때 조금이라도 절세 효과를 얻을 수 있다.

취득세는 약 3,000만원 정도가 나왔는데, 이 부분은 신용카드를 이용해 무이자할부로 납부를 했다. 군이 취득세를 현금으로 한 번에 납부할 필요는 없기 때문이다. 그리고 건물을 매입할 때 토지 부분은 면세이지만 건물 부분에 대해서는 부가가치세가 발생되는데, 매도인

빌사남의 투자금액 분석

투자금액 분석		
매입가	7억원	
취득비용	4,000만원	취득세, 등기비용, 중개수수료 등
리모델링비용	1억 7,000만원	명도비용 포함
투자금액	9억 1,000만원	
차입금	6억원	신용대출 포함
실제투자금액	3억 1,000만원	

이 간이과세자여서 세금계산서가 발급되지 않아 부가가치세 환급은 받지 못했다. 건물분 부가가치세는 건물이 오래되어 약 200만원 정도 납부했는데, 건물분 부가가치세는 나중에 매각할 때 취득가액에 포함되어 양도소득세 계산시 공제를 받을 수 있기 때문에 영수증을 받아 놨다. 만약 매도인이 일반과세자라면 세금계산서(전자세금계산서)를 꼭 받아두어야 한다.

아이폰처럼 리모델링해 주세요

리모델링을 하기 위해서는 그 전에 먼저 임차인 명도를 해야 했다. 이 건물의 2층과 3층은 입주한 지 10년이 넘은 곳이어서 비교적 명도가 수월했지만, 1층의 경우는 임차인의 계약갱신요구권이 2025년까지 남아 있는 임차인이었다. 그래서 어느 정도 명도비용을 예상하고 있었는데, 다행히 내용증명 한 번 보내지 않고 서로 잘 협의하여 약 2,000만원에 합의를 했다. 월세가 약 50만원이었던 것을 감안하면 높은 금액으로 합의를 한 것이지만, 기존에 있던 임차인을 내보내고자 할 때는 그들이 손해라고 느끼지 않을 만큼 어느 정도 챙겨 줘서 법적분쟁이나 감정싸움 없이 협의하여 내보내는 것이 가장 현명한 방법이다. 우리가 일반적으로 말하는 권리금의 기준은 업종마다 다르고 판례가 많이 없어 산정하긴 애매하지만, 보통 임차인이 처음

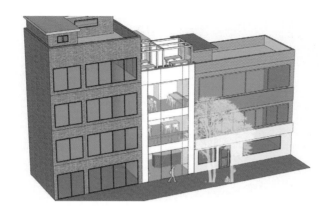

들어왔을 때 줬던 권리금이나 새로운 임차인과 협상했던 권리금 정도를 이야기하는 경우가 많다. 그런데 만약 임차인이 터무니없는 금액을 요구할 때에는 감정평가기관에 권리금 감정을 의뢰해 금액을 산정하여 이 금액과 신규 임차인에게 받기로 한 금액 중 낮은 금액으로 대부분 협상을 하게 된다.

그리고 명도가 합의된 시점부터 건축사를 만나 리모델링을 어떻게 할지 디자인 컨셉 회의를 진행했다. 리모델링 비용은 1억 5,000만원~2억원 정도의 예산을 맞추는 선에서 요즘 트렌드에 최대한 맞추기로 협의를 했다. 일단 건물 내부는 모두 철거하되, 살릴 부분은 최대한 살려 비용을 절약하기로 했다.

건물 외벽은 통유리로 해서 애플스토어와 같은 느낌이 최대한 나게끔 요청했다. 건물 전면을 통창으로 하여 최대한 심플하고 깔끔하게 만들고, 조명으로 포인트를 줘서 노후된 건물들 사이에서 가장 눈에 띄게 할 계획이었다. 원래 외부는 커튼월로 할 계획이었지만, 비용 절감을 위해 통창으로 바꾸었다.

　특히 건물 전면을 가리고 있는 큰 나무를 잘 살린다면 내부에서 외부를 촬영했을 때 인스타그램 포토 스팟이 나올 수 있을 것 같았다. 보통 건물주들은 건물 앞에 나무가 전면을 가리는 경우 무조건 단점이라고만 생각해 가지치기를 하는데, 나는 오히려 나무 때문에 돈 주고 살 수 없는 커다란 나무 액자를 얻었다고 생각했다. 이 건물을 찾아오는 여성 고객들이 건물 안에서 외부의 멋진 나무를 배경으로 사진을 촬영하는 모습을 머릿속에 그리면서 리모델링과 운영방안 등을 생각해 봤다.

건물 철거가 가장 어려웠어요

건물의 내부를 철거하는 데는 약 3주 정도가 소요되었다. 연면적이 약 30평밖에 되지 않아 2주 정도면 가능하다고 생각했는데, 기간이 좀 더 걸렸다. 기간이 더 걸린 이유는 주변의 민원과 석면으로 공사를 한 부분이 많았기 때문이다. 석면 철거를 할 경우에는 별도로 조사팀을 불러 석면 조사를 해야 해서 비용이 추가적으로 발생하게 되고, 기간이 좀 더 걸릴 수 있다.

그리고 건물을 신축하거나 리모델링 공사를 하게 되면 주변의 민원은 감수해야 한다. 민원들은 대부분 현장에서 작업하는 소장이 해결하는데, 민원인들이 요구하는 시간대에 공사를 하지 않거나 민원을 넣지 않는 조건으로 본인 건물의 간단한 공사 같은 것을 부탁하기도 한다. 민원으로 공사기간이 늘어나는 것을 감안하면 가급적 민원

인과 잘 협의해 요구조건을 들어주는 것이 좋다.

　이렇게 석면 제거와 주변 민원으로 인해 철거공사 기간이 1주일 정도 더 걸렸고, 비용도 약 1,000만원 정도 추가로 발생했다. 이 정도면 철거는 쉽게 마무리된 것으로 볼 수 있다. 참고로 건물을 멸실하는 경우에는 사전에 철거 심의 등을 받아야 하기 때문에 기간이 더 소요될 수 있다.

건물 리모델링 프로젝트
건물 부셔버리기

성공적인 리모델링을 위하여

이 건물은 필자가 직접 1, 2, 3층 모두 카페를 운영할 계획에 맞춰 디자인을 설계하기로 했다. 디자인 컨셉은 비용 절감을 위해 건물에서 최대한 살릴 부분은 살리되 깔끔하고 심플하게 만드는 게 목표였다.

1층은 면적이 협소하다 보니 테이블을 따로 놓지 않고 대기공간, 창고, 주문을 받는 곳, 커피머신, 쇼케이스 등 간단하고 심플하게 설계했다. 손님들이 1층에 머무르는 게 아니라 2~3층으로 올라갈 것이기 때문에 1층은 최대한 심플하게 꾸며 공간을 활용할 예정이다.

2층과 3층은 테이블과 건물 앞 나무를 볼 수 있는 공간으로 건물 외벽 창 앞으로 일자형 테이블을 배치하기로 했다. 건물 전체 공간이 협소하다 보니 2층에는 화장실을 넣지 못했고, 3층에만 만들었다. 다

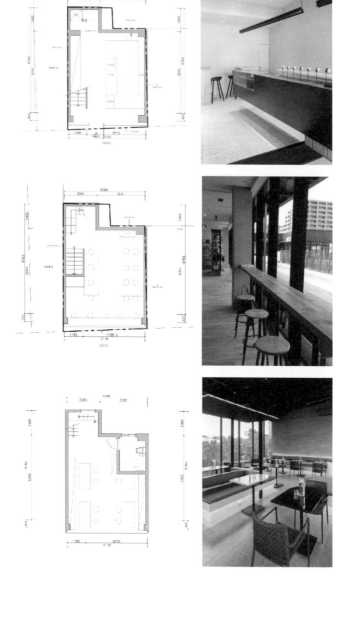

만 이 건물을 방문하는 주 고객들이 여성이기 때문에 화장실에는 비용을 과감하게 투자하기로 했다. 건물의 이미지를 결정하는 데에는 여러 가지 요소가 있겠지만 화장실은 다른 어떤 곳보다 중요하다. 화장실의 고급진 이미지와 청결 상태에 따라 그 건물의 느낌이 달라지기도 한다. 고급호텔들이 화장실에 신경을 많이 쓰는 것도 그 이유 때문이다. 그래서 리모델링이나 신축을 한다면 건물의 화장실에 신경을 많이 써야 한다.

이 건물은 3층 건물이지만 옥상에도 활용할 만한 공간이 나왔다. 옥상은 방수처리를 새로 한 후 테이블만 배치하고 난간에는 투명 유리벽을 설치하여 미관과 안전을 확보하기로 했다. 그리고 센스 있는 조명을 설치하기로 했는데, 조명을 잘 활용하면 적은 비용으로 밤에 은은하면서도 건물의 멋진 분위기를 잘 살릴 수 있을 거라고 생각했다.

외부 전면은 통창으로 하고, 건물의 기둥 등 보이는 부분과 내부는 흰색으로 마감하기로 했다. 옆 건물들의 색이 어둡다 보니 이 건물이

잘 보이기 위해서는 블랙 톤보다 화이트 톤이 나을 것 같았고, 또 흰색 배경이 손님들이 사진을 찍었을 때 예쁘게 나오기 때문이다. 내가 굳이 홍보하지 않아도 이 건물을 홍보해 줄 사람들은 우리 카페를 방문한 사람들이다. 그들이 우리 카페에서 촬영한 걸 SNS에 올려준다면 많은 사람들이 SNS를 보고 방문할 거라고 생각했다. 그래서 작지만 곳곳에 포토존을 만드는 것을 인테리어 포인트로 삼았다.

최악의 건물이 멋진 카페로
새롭게 탄생하다

드디어 60년이 넘은 최악의 꼬마빌딩이 아담하고 깔끔하게 새 단장을 하고 모습을 드러냈다. 기존의 허름했던 건물 전면을 통유리와 스타코 마감으로 깔끔하게 리모델링했고, 건물의 색상 톤과 배관 색상까지 미세하게 신경을 썼다. 작은 건물일수록 밝은색의 조합이 아주 중요하다. 그리고 1층 입구에

는 버터하우스(카페)의 귀여운 버터 캐릭터 간판을 설치했는데, 지나다니는 사람들이 간판을 배경으로 사진을 찍기도 한다. 일반적으로 간판은 건물 상부층에 설치한다고 생각하는데, 사람들이 지나다니면서 쉽게 볼 수 있도록 1층에 간판을 설치하는 것도 좋은 방법이다.

전체적으로 공간이 협소하다 보니 건물에 스토리를 입혀 보았다. 버터가 살고 있는 집(버터하우스)이라는 컨셉으로, 각각의 층마다 집에 온 듯한 느낌이 들게 공간을 구성했다. 1층은 '주방' 컨셉의 공간으로, 커피를 마실 수 있는 테이블까지 설치하기에는 장소가 좁아서 주문을 받을 수 있는 공간과 버터와 잼 그리고 빵을 진열할 수 있는 정도로만 심플하게 만들었다.

주문을 하고 2층으로 올라가면 '거실' 컨셉의 공간이 손님을 맞이한다. 좁지만 통유리를 크게 해서 최대한 공간이 답답하지 않게 꾸몄으며, 가정집의 거실처럼 TV도 설치하고 편하게 앉을 수 있도록 소파를 놓았다. 그리고 조명에 많은 신경을 써서 어디서 찍더라도 사진이 잘 나오도록 했다.

버터하우스의 메인 층은 3층으로, '침실'과 '욕실' 컨셉의 공간이다. 침대와 욕조를 설치해 카페지만 작은 호텔 같은 느낌을 주었고, 창밖의 나무가 잘 보여 사진이 잘 나오는 곳이다. 인스타그램에서 '#버터하우스'를 검색해 보면 대부분 3층에서 찍은 사진들이 많이 올라온다. 버터하우스의 3층에서 사진을 찍기 위해 멀리서 오는 손님들도 꽤 있다. 요즘 소비자들은 단순하게 커피를 먹으러 카페에 가는 것이 아니라 색다른 공간을 경험하고 싶어 하고, 이런 경험들을 SNS에 공유한다. 이처럼 건물에 포토 스팟과 같은 색다른 공간을 만든다면 내가 굳이 건물을 홍보하지 않아도 다른 사람들이 내 건물과 공간을 홍보해 준다.

　기존 건물의 옥상에 있던 불법건축물을 철거하고, 그 자리에 휴양지 호텔의 느낌이 나는 작은 루프탑 공간을 만들었다. 우선 주변에 루프탑이 있는 카페가 없고, 전면에 막힌 곳이 없어서 뷰가 꽤 좋은 편이다. 그리고 건물 앞에 호텔이 있어 옥상에서 호텔을 배경으로 사진을 찍으면 이국적인 느낌도 난다. 그래서 옥상에서 사진을 촬영하기 위해서도 많이 방문한다. 참고로 이 건물은 직접 카페를 운영하다 지금은 새롭게 임대를 주었다.

이처럼 1960년대에 지어진 아주 낡고 협소한 건물이지만, 트렌디한 리모델링과 효율적인 공간 구성을 통해 충분히 가치를 높일 수 있었다.

2장

꼬마빌딩
건물주가
되는 길

꼬마빌딩,
얼마가 있어야 투자가 가능할까?

"꼬마빌딩을 사려면 얼마나 있어야 하나요?"

필자가 가장 많이 듣는 질문이다. 빌딩은 일반 부동산과 달리 투자 금액이 크다 보니 아무래도 대출을 이용하지 않고는 현실적으로 투자가 쉽지 않다. 그렇다면 대출을 이용할 때 고려해야 할 것과 실제 투자금액은 어느 정도 있어야 꼬마빌딩 투자가 가능할지 알아보자.

대출을 현명하게 활용하라

우선 꼬마빌딩 투자에 앞서 대출이 어떤 식으로 나오는지 대략적으로 이해할 필요가 있다. 꼬마빌딩의 대출 기준은 크게 3가지이다.

첫 번째는 매입하려는 건물을 담보로 받는 담보대출이다.

보통 은행에서 대출이 나갈 때는 감정가액을 기준으로 대출금액을 산정한다. 이때 담보대출이 나가는 감정가액은 매매가를 넘을 수 없고, 지역마다 담보인정비율에 따라 대출가능금액도 달라진다. 예를 들어 지방에 있는 건물과 서울의 주요지역에 있는 건물은 담보인정비율이 다르기 때문에 대출가능금액이 달라질 수 있고, 건물의 용도에 따라서도 대출금액이 다를 수 있다. 또 일부 층에 주택이 있는 경우에는 방마다 최우선변제금액을 제외하고 대출을 해준다. 대출을 잘 받기 위한 방법으로 매입하고자 하는 건물 외에 다른 부동산이 있는 경우 이를 공동담보로 제공한다면 대출금액이나 금리 등에서 좋은 조건을 받을 수 있으니 사전에 은행과 협의를 해봐야 한다.

두 번째는 매수자의 신용도에 따라 추가적으로 신용대출을 받을 수 있다.

신용대출을 받으려면 매수자의 재무비율 등 신용도에 대한 종합적인 평가가 필요한데, 개인은 소득이 증명된 자료가 있어야 하고, 법인은 재무제표가 좋아야 한다. 따라서 회사에 다니거나 다른 사업을 운영하고 있다면 좀 더 좋은 조건으로 대출을 받을 수 있다. 반대로 건물을 매입할 때 근로소득이나 다른 사업소득이 없이 새로 만든 부동산임대업만 있으면 대출조건이 안 좋을 수 있다. 참고로 신용대출은 대부분 담보대출보다는 금리가 높은 편이다.

세 번째는 RTI(임대업이자상환비율) 규제 여부이다.

2018년 3월 이후 대출이자보다 임대수익이 낮은 건물은 대출비율이 낮아지는 RTI가 적용되면서 대출을 이용해 꼬마빌딩에 투자하기가 어려워졌다. 참고로 RTI(Rent To Interest)는 담보가치 외에 임대수익으로 어느 정도까지 이자상환이 가능한지 산정하는 지표로, RTI가 낮으면 원칙적으로 일정 금액 이상은 대출이 불가능하다.

다만 법인 명의로 건물을 매입할 경우에는 RTI 규제를 받지 않기 때문에 개인 명의로 매입하는 것보다 대출을 더 받을 수 있어 최근에는 개인이 법인을 설립해 빌딩을 매입하는 사례가 많아지고 있다. 다만 신규법인의 경우 은행에 따라 대출조건이 다르기 때문에 은행과 미리 협의를 해야 한다. 또 2018년 9·13 부동산 대책 이후 건물 전체를 주택으로 사용하는 다가구주택, 개별등기가 되어 있는 다세대주택, 주택비율이 상가비율보다 큰 상가주택의 경우 대출이 안 되거나 대출이 된다고 해도 대출금액이 작아져 이러한 주택 건물은 대출을 일으켜 투자하기가 어려워졌다.

꼬마빌딩, 현금 10억원은 필요하다

보통 은행에서 받을 수 있는 대출금이 부족한 경우 부모님이나 가까운 지인들에게 대여금 형식으로 돈을 빌려 투자하게 되는데, 이때는 차용증은 물론이고 통상적으로 인정할 만한 이자가 실제로 지급되어야 한다. 이외에 가까운 지인들과 함께 공동투자를 하는 방법도 생각해 볼 수 있는데, 여럿이 모이게 되면

적은 투자금으로도 좋은 건물을 매입할 수 있다. 다만, 공동투자의 경우 서로 투자성향이 맞아야 하고, 이 경우에도 공동투자계약서는 필수적으로 작성해야 한다.

필자는 개인이 단독으로 대출이나 대여를 활용해 서울지역에서 근린생활시설로 되어 있는 꼬마빌딩에 투자를 하려면 세금을 감안했을 때 기본적으로 현금 10억원 정도는 있어야 한다고 본다. 10억원 정도면 개인 명의로 투자하는 경우 대략 20억원대의 투자가 가능하고, 법인의 경우는 대략 30~40억원대까지 투자가 가능하다. 물론 더 적은 금액으로 서울 외곽지역이나 수도권, 지방 등의 대로변 건물에 투자할 수도 있겠지만 경기 여건이나 시장상황이 불안할 때를 대비해 환금성이 좋은 서울 인기지역에 투자하는 것을 권한다.

당장 돈이 없어도
꿈을 버리지 말자

무슨 일이든 직접 관심을 가지고 적극적으로 달려들지 않으면 아무 일도 일어나지 않는다. 빌딩 투자는 큰 목돈이 들어간다고 생각해 남의 일로만 넘겨버리면 결코 건물주가 될 수 없다. 지금까지 길을 걸으며 아무 생각 없이 봤던 상권이나 건물들을 관심 있게 보면서 건물주의 꿈을 가지기 바란다. 지금 당장은 자금과 정보가 부족해도 계속 관심을 가지고 도전한다면 머지않아 건물주가 될 수 있다.

당신을 건물주로 만들어 줄
세 사람을 만나라

필자가 만났던 빌딩 부자들의 공통점은 궁금한 것이 있으면 그 자리에서 바로 전화를 걸어 물어볼 수 있는 전문가를 항상 곁에 두고 있었고, 전문가와의 상담비용을 아까워하지 않고 잘 활용해 현명한 판단을 하고 있었다. 인터넷의 발달로 정보가 많이 공개되었다고는 하지만 실제 현장에서 뛰어다니며 분위기를 피부로 느끼는 전문가들의 실전 감각과 정보력은 뛰어넘기 힘들다. 이론과 실무가 다른 것처럼 말이다.

그래서 성공적인 투자를 하기 위해서는 실제 현장에서 뛰고 있는 전문가와 좋은 관계를 가져야 한다. 성공적인 빌딩 투자를 위해 꼭 필요한 세 사람을 꼽으라면 빌딩 전문 공인중개사, 은행 지점장(부지점장), 건축사이다. 각각 이들이 왜 중요한지 알아보자.

빌딩 전문 공인중개사

먼저 빌딩을 전문적으로 중개하는 공인중개사를 만나야 한다. 공인중개사 중에는 부동산 전체 분야를 전반적으로 모두 다루는 사람도 있지만, 대부분은 주로 다루는 전문분야가 따로 있다. 병원의 의사들이 각자 자기의 전문분야가 있는 것처럼 부동산중개업도 빌딩 전문, 아파트 전·월세 전문, 상가 전문, 토지 전문, 원룸 전문 등 주력으로 하는 분야가 따로 있기 때문에 빌딩을 매입하려면 빌딩을 전문으로 하는 공인중개사를 만나야 한다. 빌딩 전문 중개사들은 당연히 빌딩 매물도 많이 가지고 있고, 오랜 노하우를 통해 객관적으로 분석을 할 수 있기 때문이다. 또 빌딩 거래나 관리를 하면서 알아야 할 사항들도 일반 중개사들보다 많이 알고 있다.

나에게 맞는 빌딩 전문 중개사를 만나려면 중개 실적이나 중개 경력도 중요하지만, 무엇보다 나를 위해 오랫동안 함께할 사람을 찾는 것이 더 중요하다. 빌딩은 매입하고 난 뒤에 신경 써야 하는 부분이 더 많기 때문에 매입 이후에도 지속적인 관계를 유지하며 나와 함께해 줄 중개사를 만나야 한다.

이때 중개라는 것을 눈에 보이지 않는 서비스라고 해서 당연하게 무료로만 생각하지 말고 필요한 자문이나 관리를 받았다면 경우에 따라서는 비용을 지불하는 등 중개사와 윈윈하는 비즈니스 관계가 유지되어야 건물주가 되었을 때 발생되는 돌발상황에 실질적인 도움을 받을 수 있다.

그리고 이러한 관계는 결과적으로 봤을 때 내 소중한 시간과 비용을 아낄 수 있게 해준다. 이런 점에서 빌딩 전문 공인중개사는 성공적인 빌딩 투자를 위해 매우 중요한 사람이다. 좋은 A급 매물이 나왔을 때 가장 먼저 나에게 정보를 주고, 내가 발견하지 못했던 건물의 장단점을 파악해 주고, 매입 이후에도 운영방법부터 매각까지 모든 과정에서 자문을 받을 수 있기 때문에 나와 오랫동안 함께할 빌딩 전문가를 신중하게 찾을 필요가 있다.

은행 지점장(부지점장)

빌딩 투자에 있어서 전체 금액을 내 돈으로 매입하기는 실질적으로 어렵다. 대부분 대출을 끼고 매입하기 때문에 언제든지 편하게 연락해 도움을 청할 수 있는 은행 지점장이나 부지점장을 알아두는 게 필요하다.

대출가능금액과 금리는 은행마다 다르고, 심지어 같은 은행이라고 하더라도 지점장들마다 차이가 있다. 차이가 있는 이유는 여러 가지가 있겠지만, 지점장이 임대사업자 대출을 해본 경험치에 따라 최대 대출금액과 금리가 달라지는 경우가 생각보다 많다. 임대사업자 대출 경험이 적은 경우에는 대출가능금액이 작거나 실제 대출을 실행할 때 처음 제안했던 내용들과 달라지는 경우가 종종 있다.

그리고 주거래은행이 더 잘해 줄 거라 생각하는데, 그 당시 은행의 방침이나 지점장의 능력에 따라 다르기 때문에 각각 다른 은행으로 해서 최소 2군데 이상 비교를 하며 선택해야 한다. 빌딩 투자는 대출금액이 많기 때문에 금리 몇 프로의 차이는 생각보다 크다는 것을 명심해야 한다.

건축사

　　세 번째는 빌딩의 가치를 높여주는 건축사이다. 건축사는 소금과 같은 존재이다. 빌딩 내외부를 최신 트렌드에 어울리게 만들어 임차인이나 예비매수자들에게 얼마나 매력적으로 전달하는지에 따라 임대료나 빌딩 가격에 많은 영향을 미치기 때문이다.

　건축사는 관련 법규 검토를 통해 건물을 최대한 효율적으로 신축·증축하거나 용도변경 등 현재 건물의 최적 활용방안을 제시해 줄 수 있는 사람이다. 아무리 위치가 좋은 건물이라도 임차인들이 선호할 만한 환경을 만들지 못하면 공실률이 높고 임대수익이 낮을 수밖에 없다. 실제 많은 건물들이 오래된 건물상태로 아무런 건축행위도 하지 않고 방치(?)되어 있는 경우가 태반이다. 하지만 임차인 입장에서는 위치가 조금 안 좋더라도 공간 활용도가 좋고 깔끔하게 리모델링이나 신축되어 있는 건물을 더 선호하는 것이 당연하다. 예비매수자 입장에서도 허름하고 낡은 건물보다는 트렌드에 맞게 리모델링이나 신축이 잘되어 있는 건물이라면 돈을 더 주고라도 매입하고 싶어 할 것이다. 우리가 돈을 더 주더라도 살기 좋은 신축 아파트를 찾는 것처럼 말이다.

　필자가 생각하는 좋은 건축사는 '트렌드에 맞는 리모델링과 신축을 하는 건축사'라고 생각한다. 법정 건폐율과 용적률만 맞추어 두부 썬 듯 똑같은 공간만 많이 만드는 옛날 스타일의 건축사가 아니라 해당 지역과 주변의 건물을 잘 파악해 공간 활용도는 최대한으로 높이되 요즘 임차인들이 선호할 만한 외부 디자인과 공간을 만드는 건축사가 좋은 건축사인 것이다.

이외에 세무사·법무사 등의 법률 전문가도 물론 필요하지만, 빌딩 투자에 있어 가장 중요한 역할을 하는 빌딩 전문 중개사, 은행 지점장, 건축사, 이 세 사람이 어떻게 조언을 해주는지에 따라 투자 결과는 많이 달라질 수 있다.

직접 전체를 배워서 혼자 하려고 하지 말자. 직접 빌딩 투자 관련 자료를 찾고, 혼자 배워서 하기에는 시간도 오래 걸리고 실수할 수 있는 확률도 높다. 그리고 전문가와의 상담비용을 아끼기 위해 인터넷 커뮤니티 카페나 지식in에 물어보는 것도 권하지 않는다. 빌딩 투자는 내가 가진 돈의 거의 전부를 투자하는 것인데, 비용을 들여서라도 더더욱 전문가를 활용해야 한다. 내가 할 일은 전문가들의 의견을 조합해 '의사결정'을 잘하는 것이다.

투자계획표는 필수다

꼬마빌딩을 매입하는 사람들은 대부분 임대사업을 목적으로 한다. 모든 사업자가 사업에 앞서 사업계획서를 만드는 것처럼 빌딩 투자도 '임대사업'이기 때문에 투자를 하기 전에 투자계획표를 꼼꼼하게 작성해 봐야 한다.

이때 투자계획표는 너무 거창하게 양식을 갖춰 작성할 필요는 없다. 매입, 보유, 매각의 3단계에 맞춰 각각 필요한 내용과 금액을 작성해 보면 된다.

매입시 필요한 내용

매입할 때 투자금은 얼마나 필요하고, 대출은 어느 정도 받아야 하며, 명의는 누구로 하고, 취득세는 얼마 정도 나올지 등 매입할 때 발생되는 여러 가지 상황들을 정리해 보는 것이다.

보유시 필요한 내용

보유할 때는 임대수익뿐만 아니라 직접 관리를 하거나 업체를 통해 관리를 할 때 관리비용은 어느 정도 발생될지 추정해 보고, 재산세는 어느 정도 나올지 등 건물을 보유하면서 발생할 수 있는 세금과 공과금의 내역들을 정리해 보자.

매각시 필요한 내용

마지막으로 매각할 때는 어느 정도 보유한 후 매각할지, 희망 매도가격은 어느 정도 생각하는지, 양도소득세(법인이라면 법인세)는 얼마나 나오고, 세금을 제외하면 순수하게 남는 돈은 얼마인지 등 매각을 할 때 발생하는 사항들도 미리 정리해 볼 필요가 있다.

투자계획표 샘플

취득원가				
매매가	₩1,200,000,000		평당	₩48,000,000
담보대출	₩840,000,000		매매가 대비	70%

자본금				
				₩360,000,000
취득비용 등	₩60,000,000		취득세,중개수수료,법무사비용 등	5.00%
대지면적	25	평		
연면적(신축 후)	76	평		

임대수익				
	연간	월간		
임대수익	₩109,440,000	₩9,120,000	평당 월세	₩120,000
담보대출이자	₩42,000,000	₩3,500,000	금리 연	5%
영업이익	₩67,440,000	₩5,620,000	임대수익-대출이자	

공사비용				
건축비	₩760,000,000		평당 건축비	₩10,000,000
건축비 자기자본	₩228,000,000		공사비	30%
건축비대출	₩532,000,000		공사비	70%
연간 총 이자지출	₩68,600,000	₩5,716,667	(담보+건축)대출금 기준	5%
공사기간 중 이자지출	₩34,300,000		(담보+건축)대출이자 6개월치	
실제 총 투입금액	₩682,300,000		자본금+취득세+건축비자기자본+추가비용	
총 취득원가	₩2,054,300,000		매물가격+취득세+건축비+대출이자	
대출 제외 실투자금	₩682,300,000		총 취득원가-담보대출-건축비대출	
레버리지 수익률	5.99%		(연간 임대수익-총 대출이자)÷대출 제외 실투자금	

지금까지 필자가 만난 투자자들의 절반 이상은 투자금액과 평당 대지가격, 건물 내외관 그리고 임차인과 임대수익률만 보고 투자를 했다. 그러다 보니 대부분 예상치 못한 추가적인 비용과 골치 아픈 운영상의 문제 등으로 애를 태운 사람들이 많았다. 그래서 매입하기 전에 미리 대략적인 투자계획을 통해 발생할 수 있는 이슈들을 최대한 알고 있어야 실수를 줄일 수 있다.

꼬마빌딩 투자는 단순히 돈을 투자해 매매차익을 얻는 것이 아니라 새로운 임대사업을 운영하는 것이다. 펀드 투자처럼 돈만 입금하면 펀드매니저가 알아서 자금을 운영해 주는 게 아니라 매입, 운영, 매각과정 전반을 투자자가 직접 결정해야 하고, 이러한 의사결정에는 예상치 못한 변수와 리스크가 항상 존재하기 때문에 이를 체크해 볼 수 있는 투자계획표를 매입 전에 꼭 작성해 보길 권한다.

법인 설립을 통한 매입도
고려해야 한다

최근 들어 법인을 설립해 꼬마빌딩을 매입하는 경우가 많아졌다. 이에 대해 일반투자자들 입장에서 봤을 때는 생소할 수 있다. 법인 매입은 왠지 큰 기업에서 부동산을 매입하는 방법이고, 작은 꼬마빌딩의 경우는 개인들이 매입한다고 생각했기 때문이다. 하지만 법인 명의로 건물을 샀을 때의 장점들이 많아지면서 개인들도 법인을 설립해 매입하는 방법에 대한 관심이 많아졌다. 실제로 2017년에는 개인과 법인의 매입비율이 7:3이었는데, 2019년에는 법인과 개인의 매입비율이 5:5 수준으로 비슷해졌다. 그렇다면 꼬마빌딩을 법인 명의로 매입했을 때의 장단점은 무엇인지 알아보자.

대출

개인이 꼬마빌딩을 매입하는 경우 RTI(임대업이자상환비율)를 적용받기 때문에 임대수익이 발생되지 않는 건물은 대출이 적게 나오지만, 법인의 경우는 RTI 규제가 따로 없다. 그래서 감정가액이 높게 나온다면 충분한 대출을 받을 수 있어 적은 투자금을 가지고도 꼬마빌딩을 매입할 수 있다. 하지만 아직 재무제표가 나오지 않은 신규법인의 경우 금리가 높게 적용되거나 대출을 잘해주지 않는 은행도 있기 때문에 사전에 대출이 가능한 은행을 알아봐야 한다.

취득

취득시에도 법인과 개인의 차이가 있는데, 설립된 지 5년이 안되고 수도권 과밀억제권역 내에 본점이 있는 법인이 과밀억제권역 내의 부동산을 취득할 때에는 취득세가 중과된다. 개인으로 매입했을 때 4.6%의 취득세를 납부했다면 과밀억제권역 내에서 설립된 지 5년이 안 된 법인이 과밀억제권역 내의 건물을 매입할 경우 9.4%의 취득세를 납부해야 한다. 물론 이렇게 납부한 취득세는 취득가액에 포함되어 나중에 매각할 때 양도소득세(또는 법인세) 계산시 공제받을 수 있지만 초반에 목돈이 많이 들어간다는 문제가 있다.

보유, 처분

개인과 법인에 적용되는 세법이 다르기 때문에 세율에서도 차이가 난다. 개인은 종합소득세, 법인은 법인세가 적용되는데, 임대소득이 발생될 때 개인의 경우 다른 소득이 있으면 합산해 과세되기 때문에 자칫 임대소득 대부분이 세금으로 나갈 수도 있다. 하지만 법인의 경우는 전체 임대료에서 이자비용과 경비를 제외하면 대부분 과세표준이 2억원이 넘지 않기 때문에 세율 10%(지방소득세 포함 11%)의 법인세만 내면 된다.

시세차익이 많이 발생되는 매각시에 개인은 양도소득세, 법인은 법인세가 발생되는데, 매매차익이 5억원을 넘을 경우 개인의 경우 42%(지방소득세 포함 46.2%), 법인의 경우 20%(지방소득세 포함 22%)의 세율을 적용받는다. 참고로 2021년부터는 개인의 경우 10억원 초과시 45%(지방소득세포함 49.5%)의 세율이 적용된다.

법인은 개인에게 적용되는 3년 이상 보유시의 장기보유특별공제가 적용되지 않는데, 전체적인 면에서 볼 때 취득세 중과와 장기보유특별공제를 받지 않더라도 매각할 때 세율 자체가 낮기 때문에 전반적으로 법인이 유리하다.

재투자

법인을 설립해 투자를 하는 것에 대해 부정적으로 보는 투자자들이 있는 것도 사실이다. 하지만 꼬마빌딩 투자는 장기적인 관점에서 봐야 한다. 빌딩 매매는 한 번만 투자하여 차익을 실현해 이를 목돈으로 만들고 마는 것이 아니다.

물론 한 번만 투자하고 끝낼 거라면 개인이 더 유리할 수 있다. 하지만 빌딩 투자로 수익을 봤던 대부분의 사람들은 다시 재투자를 하게 된다. 또한 임대수익을 받아 개인 자금화를 해서 생활비로 쓰더라도 남는 돈은 항상 재투자의 기회를 보고 있다.

법인 투자의 매력은 개인과 세율 차이가 많이 나고, 임대사업을 꾸준히 운영하다 보면 개인보다 더 좋은 조건으로 대출을 받을 수 있기 때문에 계속해서 빌딩의 매입·매각을 할 수 있는 것이다. 나중에 통장 잔고를 보면 개인일 때와 법인일 때의 차이는 매입·매각 건수가 많아질수록 더욱 크게 나타난다.

역시 현장에 답이 있다

부동산 중에서 가장 폐쇄적이었던 빌딩 시장도 IT기술이 발달하면서 빌딩 관련 정보를 인터넷에서 쉽게 접할 수 있게 되었다. 그중 가장 편리하게 활용하고 있는 것이 로드뷰인데, 포털사이트의 지도 메뉴에 들어가 로드뷰를 보면 건물의 모습이나 주변의 도로까지 마치 현장에서 보는 것처럼 마우스 클릭 하나로 볼 수 있다.

하지만 이런 편의성에도 불구하고 로드뷰로 보는 것과 현장에서 보는 것은 차이가 크다. 현장 답사를 가보면 로드뷰에서는 볼 수 없었던 건물 상태와 위법 건축물 등을 볼 수 있고, 매물정보지에는 모두 임대가 되었다고 했지만 임차인이 바뀌었거나 영업을 하지 않는 경우도 확인할 수 있다. 그리고 모니터상으로 본 건물과 실제 현장에서 본 건물의 느낌은 많이 다르기 때문에 로드뷰는 참고용 정도로만

이용해야 한다.

특히 현장 답사도 가보지 않고 그 빌딩이 좋다 나쁘다를 평가하는 것은 불가능하다. 로드뷰를 통해 기본적인 것은 평가할 수 있겠지만 단순히 사진이나 지도로 봐서는 제대로 된 평가가 어렵기 때문이다. 현장에 가야 장단점을 볼 수 있고, 숨어 있는 보석을 찾을 수 있다. 모든 부동산은 현장에 답이 있다.

현장 답사시 체크할 내용

현장 답사를 갈 때는 차로 다니면 놓치는 부분이 많기 때문에 가급적 대중교통을 이용하고, 지하철역에서부터 직접 걸어가기를 권한다. 평일 아침과 저녁, 주말 아침과 저녁 등 최소 4번은 가봐야 한다. 이렇게 시차를 두고 가보면 갈 때마다 건물이 새롭게 보일 것이다.

일반적으로 상권은 주 5일 상권과 주 7일 상권이 있다. 예를 들어 역삼역(2호선)의 경우는 주 5일 상권으로, 평일에는 직장인들로 인해 유동인구가 많다가 주말이 되면 사람이 없다. 반대로 강남역의 경우는 주말에 사람이 더 많은 주 7일 상권이다. 이처럼 상권에 따른 유동인구는 임대료와 빌딩 가격에 많은 영향을 미치게 된다.

현장 답사를 갔을 때는 주변의 매매사례와 공실률 그리고 유동인구와 그들의 연령대 등을 체크해야 하고, 중개사무소에도 들러서 중개사의 의견도 들어봐야 한다. 이때 주의해야 할 점은 중개사무소에 들렀을 때 내가 A라는 건물을 검토하고 있다고 이야기하면 안 된다. 본인의 매물이 아닌 경우 남의 떡이라고 생각해 대부분 좋지 않은 이야기를 많이 하기 때문이다. 그래서 건물 주소를 정확히 알려주기보다 비슷한 규모의 다른 건물을 이야기하거나 주변에 임대차를 구한다는 식으로 임대시세나 권리금 등 현장의 정보를 얻어내야 한다.

지금 비록 자금이 부족해도 계속 꾸준하게 관심을 가지고 현장을 찾아가다 보면 기회는 언제든 올 수 있다. 운이 좋으면 아파트를 살 정도의 돈으로도 투자할 수 있는 건물을 만나기도 한다. 당연히 좋은 매물들은 매수자가 많아 금방 매각되기 때문에 꾸준히 발품을 파는 사람들이 먼저 볼 확률이 높다. 노력하는 자에게 복이 있다고 했다. 관심지역이 있다면 운동 삼아 꾸준히 다니며 정보도 얻고 좋은 기회도 잡아보자.

주변에 먼저 매각된 빌딩을 살펴라

빌딩은 일반 부동산 중에서 규모가 큰 편에 속하기 때문에 매입하는데 있어 공개된 구체적인 정보를 얻기 힘들어 중개사의 말만 듣고 매입하는 경우가 많다. 그렇다 보니 여러 가지 투자 위험요소가 존재한다.

특히 대부분의 사람들이 빌딩을 거래해 본 경험도, 매매 지식도 많지 않다 보니 매물로 나온 건물의 상태와 수익률만 보게 된다. 그러니 정말 좋은 조건의 매물이 나와도 이게 좋은지 나쁜지를 판단하기 힘들다. 그래서 건물을 매입하고자 하는 초보 투자자들은 현재 시장에 나와 있는 매물도 봐야겠지만 그보다 먼저 최근 1년 동안 그 주변에서 매각된 빌딩을 살펴보며 벤치마킹해 보아야 한다.

'주변의 매각된 빌딩', 그게 바로 답안지다

빌딩 투자의 안목을 기르기 위해서는 반드시 주변에서 매각된 빌딩을 검토해 봐야 한다. 이때 최소 3건 이상의 매각 사례를 보기를 권한다. 매각된 빌딩은 다 그만한 이유가 있기 때문이다. 생각해 보자. 거금을 들여 매입하는 빌딩을 아무 이유도 없이 매입하겠는가?

매각된 빌딩을 통해 투자 안목을 기르려면 최근 1년 안에(핵심상권은 6개월 이내) 팔린 빌딩을 위주로 하나하나 직접 걸어 다니며 보는 것이 좋다. 최근에 매각된 건물들은 대부분 그 겉과 속이 다 바뀌어 있다. 매각 전 허름했던 주택을 신축하여 아주 멋진 건물로 만들었을 수도 있고, 임차인을 교체하여 임대료가 높아진 경우도 있을 것이며, 답답했던 외관을 개방감 있게 리모델링하여 완전히 다른 건물로 변신한 모습도 볼 수 있을 것이다.

변화된 빌딩의 모습을 주목하라

성형 전 얼굴과 성형 후의 얼굴을 비교하는 것처럼, 건물도 성형 전과 후의 모습을 비교해 봐야 한다. 특히 최근에 매매가 이루어진 건물에는 어떤 업종(임차인)이 들어왔는지, 건축행위(리모델링, 신축 등)는 어떻게 했는지 등 매매가 되고 일정 기간이 지난 후의 건물을 보면 매매 당시와는 많이 달라져 있을 것이다. 이렇게 성형한 후의 모습을 계속 지켜보면 성형 전의 건물을 어떻게 성형해야 할지 알 수 있는 안목도 길러진다.

직접 답사하기가 어렵고, 건축행위를 하고 난 뒤라 건축행위를 하기 전의 모습을 보기 어렵다면 로드뷰를 통해 건축행위 전 모습과 후 모습을 보는 방법도 있다. 그리고 리모델링과 신축을 고려하고 있다면 무엇보다 건축사나 전문가를 통해 조언을 얻는 것이 가장 중요하다. 전문가는 많은 경험들이 있기 때문에 내가 파악하지 못한 부분을 알려줄 수 있고, 새로운 아이디어와 건물의 가치를 어떻게 살리면 될지 조언을 받을 수 있다.

보석은 다 쓰러져 가는 건물 속에서 찾을 수도 있다. 지금 당장 수익이 발생되지 않고, 이상하게 생긴 노후 건물이라도 평소 주변에서 비슷한 조건의 매각사례들을 많이 지켜봤다면 건물의 현재 단점보다는 변화하고 난 뒤의 모습을 머릿속에 그려볼 수 있을 것이다.

실제로 필자도 매주 매각된 사례들을 모은 뒤, 6개월 뒤에 직접 현장 답사를 가서 어떻게 바뀌었는지 분석한다. 누군가가 풀어 놓은 답안지를 미리 봐둬야 시험문제가 나왔을 때 바로 풀 수 있기 때문이다.

참고로 빌딩 매각 사례는 최근 실거래가를 조회할 수 있는 사이트들이 많아져 쉽게 확인이 가능한데, 빌딩 실거래가 조회가 가능한 '빌사남' 앱을 이용하면 해당 지역의 주소, 매매가, 대출비율, 보증금 등 자세한 조회가 가능하다.

현장 답사시 필요한 3종 공적장부

부동산을 검토할 때 현장에서 꼭 함께 봐야 하는 서류로는 등기사항전부증명서, 건축물대장, 토지이용계획서가 있다. 이 세 가지 공적장부는 답사를 가기 전에 반드시 출력해 현장에서 건물과 비교해야 한다. 등기사항전부증명서(예전 명칭은 등기부등본)는 인터넷 등기소에서 출력이 가능하고, 건축물대장과 토지이용계획서는 정부24에서 출력이 가능하다.

등기사항전부증명서

등기사항전부증명서에는 소유권에 대한 사

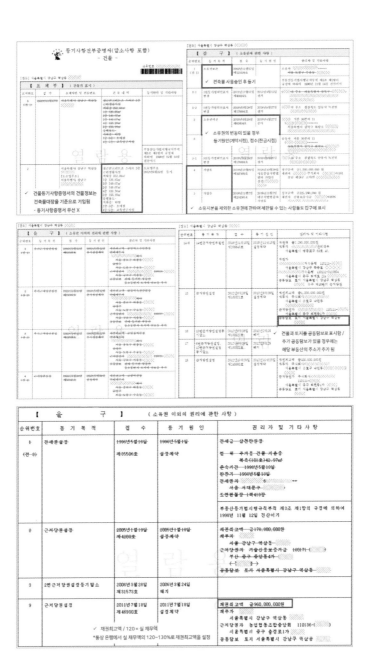

항(갑구)과 소유권 이외에 대한 사항(을구)이 들어 있다. 쉽게 말해 현재 소유자가 누구이고, 얼마에 구입했는지를 볼 수 있다. 특히 실거래가 신고가 의무화된 2006년 이후에 매입한 경우에는 실제 매입한 금액까지 등기사항전부증명서에서 확인할 수 있다. 또 등기사항전부증명서를 보면 현재 소유자의 대출현황 등도 확인할 수 있어 소유자의 급한(?) 상황을 이 서류로 어느 정도 파악할 수 있다. 이를 근거로 매도인이 왜 파는지 의도를 알 수도 있어 협상을 할 때 좋은 무기가 되기도 한다.

건축물대장

건축물대장에서는 건물의 용도와 면적 등 건물에 대한 내용을 볼 수 있다. 이를 통해 건축행위(대수선 등)의 내용 확인이나 위법 건축물 유무, 그리고 면적의 차이 등을 확인할 수 있다. 만약 등기사항전부증명서 면적과 건축물대장 면적이 다를 경우에는 건축물대장 면적을 기준으로 한다.

건축물대장을 볼 때 가장 먼저 대지면적과 연면적을 확인해야 하는데, 여기서 건축물대장상의 대지면적과 토지대장의 면적이 도로 확보 등으로 인해 다를 수 있다. 예를 들어 대지가 165㎡(50평)인 줄 알고 매입했는데, 실제 건축물에 사용할 수 있는 대지는 155㎡(47평)인 경우이다. 이는 대지가 차가 들어가기 힘든 도로에 접해 있어 차량이 진입할 수 있는 도로를 확보하기 위해 대지 일부분을 도로로 내주는 경우가 있기 때문이다. 그래서 좁은 도로를 접하고 있는 건물이라면 반드시 건축물대장의 대지면적과 토지대장의 면적이 같은지를 확인해 봐야 한다. 실제로 건축하는 데 반영되는 면적은 건축물대장상의 면적이기 때문이다.

그리고 층마다 면적과 용도를 확인할 수 있는데, 답사를 갔을 때 층마다 실제 면적과 사용 용도가 맞는지 확인해야 한다. 물론 실제 면적을 측정하긴 어렵겠지만, 일조권 사선으로 3층 이상으로는 건축면적이 작아져 있어야 하는데, 실제로 보니 작아진 부분을 아래층과 똑같이 만들어 불법으로 사용하는 경우가 종종 있기 때문에 답사시 직접 육안으로 확인을 해야 한다. 그리고 건축물대장상 용도를 다르게 사용하는 경우도 있다. 예를 들어 근린생활시설로 허가가 되어 있는데, 실제로 가서 보니 방을 쪼개서 원룸으로 임대를 주고 있는 경우 등이다. 이 경우 지금 당장 위법 건축물 적발이 안 되었더라도 언제든지 걸리면 시정조치를 받을 수 있기 때문에 미리 확인해야 한다.

만약 건축 도면을 받을 수 있다면 도면을 토대로 위법 건축물 여부를 파악해 볼 수도 있다.

또 하나 유심히 봐야 할 것은 '주차대수'이다. 유동인구가 많은 상권의 경우 주차장을 상가로 사용하다 위법 건축물로 등재가 되어 이행강제금을 계속 납부하는 건물이 있는가 하면, 아직 적발이 되지 않은 건물도 많기 때문에 현장에 가서 건축물대장의 주차대수가 실제 현장에서 주차 가능한지 확인해야 한다.

토지이용계획서

마지막으로 확인해야 할 서류는 토지이용계획서이다. 토지의 가치를 확인할 수 있는 가장 중요한 서류이며, 해당 토지의 정확한 모양과 용도지역, 국토이용계획에 관한 법률 등을 확인할 수 있다. 쉽게 설명하면 마치 토지사용설명서처럼 이 토지를 이용할 때 적용되는 내용들이 기재되어 있다.

토지이용계획서에서는 용도지역(1종, 2종, 3종 일반주거지역, 일반상업, 준주거지역 등), 지구단위계획구역, 정비구역, 재정비촉진지구, 미관지구, 절대·상대보호구역 등 확인해야 할 부분이 많다. 용도지역을 통해 해당 토지의 건폐율과 용적률을 확인해야 하고, 지구단위계획은 해당 토지가 단독개발이 가능한지와 용도는 어떤 용도로 사용이 가능한지 등 지구단위계획결정도를 해당 구청 사이트에서 다운받아 자세하게 확인해 봐야 한다. 이때 정비구역이나 재정비촉진지구로

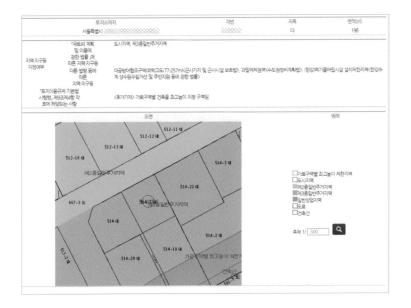

토지소재지		지번	지목	면적(㎡)
서울특별시 ◇◇◇◇◇◇◇◇◇◇◇◇◇◇		◇◇◇◇◇◇	대	196

지역지구등 지정여부	「국토의 계획 및 이용에 관한 법률」에 따른 지역·지구등	도시지역, 제2종일반주거지역
	다른 법령 등에 따른 지역·지구등	대공방어협조구역(위탁고도:77-257m)(군기지 및 군사시설 보호법), 과밀억제권역〈수도권정비계획법〉, 〈한강폐기물매립시설 설치제한지역〉〈한강수계 상수원수질개선 및 주민지원 등에 관한 법률〉
「토지이용규제 기본법」 시행령, 제9조제4항 각 호에 해당되는 사항		〈추가기재〉 가로구역별 건축물 최고높이 지정 구역임

도면 / 범례

가로구역별 최고높이 제한지역
도시지역
제2종일반주거지역
제3종일반주거지역
일반상업지역
도로
건축선

축척 1/ 500

되어 있는 경우 그 일대가 개발이 예상되어 있어 건축행위가 불가능할 수도 있으니 사전에 반드시 확인을 해야 한다. 또 해당 구청 도시계획과에 문의해 주소를 이야기하고 업종제한, 건축 가능 여부 등도 확인해 봐야 한다.

대부분 이런 서류를 계약 당일에 확인하는 경우가 많은데, 이 3가지 서류는 반드시 답사를 가기 전에 미리 출력해 답사시 충분히 검토를 해봐야 한다.

공적장부를 통해 꼭 확인해야 할 것들

    대부분의 매수인들은 중개사무소에서 만든 매물보고서의 대지면적, 연면적, 용도지역 등을 믿고서 투자를 진행하는 경우가 많은데, 매물보고서는 중개사가 임의로 만든 양식에 직접 입력을 한 것이어서 내용의 오류나 오타가 충분히 발생할 수 있다.

    그래서 관련 기관을 통해 등기사항전부증명서, 건축물대장, 토지이용계획서 등의 공적장부를 발급받아 반드시 출력해 다음의 내용들을 하나하나 확인해 볼 필요가 있다.

소유주를 정확히 확인해야 한다

　　　　　　　　　　　빌딩 투자시 주의해야 할 것은
우선 매도자가 진짜 소유자인지를 확인하는 것이다. 건물주인 것처
럼 속여 서류를 조작해 계약금만 받고 도망가는 사람도 있다. 그래서
확실히 소유자가 맞는지 확인을 해봐야 한다.

　주민등록증은 ARS '1382'로 전화해 위조 여부를 확인하거나 '정
부24'를 이용해 주민등록등본을 확인해 보고, 만약 대리인이 왔다면
위임장, 인감증명서, 대리인 신분증 첨부는 물론 실제 건물주에게 전
화해 매각 여부를 확인하고 대화내용은 녹음을 하는 것이 필요하다.

　참고로 부부의 경우 '일상가사대리권'이 있다고는 하지만 부동산
의 매입·매각과 관련해서는 대리권을 적법하게 받아야 하기 때문에
부부라고 해서 이러한 절차를 생략하면 안 된다. 간혹 남편이나 아내
몰래 매각을 하려는 경우도 있기 때문이다. 공동명의로 소유하고 있
는 경우에는 합의서를 작성한 경우가 아니라면 원칙적으로 지분별로
나눠서 돈을 송금하는 것이 맞다. 특히 공동명의 건물은 다툼이 있는
경우가 많아서 더더욱 신중하게 대금을 지급해야 한다.

건축물대장을 통해
용도와 면적을 확인해야 한다

　　　　　　　　　　건물의 용도와 면적 등은 반드시

건축물대장을 통해 확인해야 한다. 건축물대장의 용도와 실제 용도가 다른 경우가 있는데, 대표적인 예가 용도는 근린생활시설인데 임대수익을 높이기 위해 원룸을 여러 개로 만든 경우이다. 이런 경우 전입신고가 안 되기 때문에 임차인을 구하기도 힘들고 위법 건축물로 적발되면 매년 이행강제금을 납부해야 한다. 위법 건축물을 해제하기 위해 철거하는 비용 또한 만만치 않기 때문에 사전에 현장에 가서 건축물대장의 용도와 실제 용도를 확인해 보는 것이 중요하다.

또한 신고되지 않은 건축물과 면적을 임의로 늘린 경우도 있으니 체크해 봐야 한다. 특히 모퉁이(코너)에 있는 건물 중에는 등기사항전부증명서의 대지면적과 건축물대장의 대지면적이 다른 경우가 있는데, 바로 '가각전제' 때문이다. 가각전제에 대해서는 대부분의 매수인이나 매도인도 잘 모르는 경우가 많은데 원활한 교통흐름과 시야 확보를 위해 도로의 모서리 부분을 완곡하게 만드는 것으로, 건축법에서는 너비 8m 미만인 도로 모서리에서의 건축선을 규정하여 건축을 제한하고 있다. 예를 들어 대지면적이 50평이라도 실제 건축할 때 사용면적은 45평이 될 수 있다는 이야기다. 나머지 5평은 사용료도 못 받고 내줘야 되는 땅이 된다. 따라서 도로 너비 8m 미만의 코너 건물을 매입할 때와 좁은 도로의 건물을 매입할 때에는 건축물대장과 등기사항전부증명서의 면적이 맞는지 반드시 확인해야 한다.

특히 이 경우는 실제 사용면적이 줄어드는 것이기 때문에 미리 알게 되면 계약시 가격을 좀 더 유리하게 협상할 수 있고, 또 기존에 가각전제를 안 받았던 건물이라면 기존 건물을 철거했을 경우 신축시 면적이 줄어들기 때문에 신축에 대한 상황을 사전에 검토할 수 있다.

개발행위의 제한을
확인해야 한다

법적으로 개발행위 등이 제한되는 경우도 꼭 확인해야 한다. 건물은 땅의 가치가 가장 중요한 요소이다. 예를 들어 건물을 매입했는데 옆의 건물과 공동개발로 지정되어 개발이 불가능한 경우도 있고, 정비구역 등으로 땅이 수용되는 경우도 있으며, 도로 확보를 위해 일정 부분 내 땅을 내주게 되어 실제 사용면적이 줄어들 수도 있다.

따라서 지금 건물이 화려하고 임대수익이 많이 나온다고 해도 땅의 가치가 확실하지 않으면 투자를 안 하는 것이 맞다. 확실한 곳에 투자를 해도 부족한 상황에 아무것도 할 수 없는 건물에 투자할 필요가 뭐가 있겠는가?

이처럼 빌딩 투자는 반드시 공적장부를 꼼꼼히 살펴보고 장단점을 분석한 후 투자를 해야 한다.

리모델링 성공사례 ①
30년 이상 노후된 강남 빌딩 리모델링

　강남에 위치한 30년이 넘은 노후 건물로, 임대수익률이 2%도 채 나오지 않는 건물이었다. 신축도 고려했지만 신축을 하려면 현행 법규 기준으로 볼 때 총 5대의 주차공간이 필요해 결국 리모델링을 하기로 했다. 이때 리모델링의 기준은 주차대수를 최소로 계획하여 1층 면적을 최대한 확보하는 것이었다. 이처럼 리모델링을 할지, 신축을 할지는 경험이 많은 건축사와 관련된 법규를 사전에 꼼꼼히 확인할 필요가 있다.

　리모델링 전 월 임대료는 900만원이었지만, 리모델링을 마치면 약 2,000만원 정도를 예상하고 있다.

대지면적	약 250㎡ (75평)	건축규모	지하 1층~지상 4층
용도	제2종 근린생활시설 (휴게음식점, 사무소)	건축구조	철근콘크리트구조
건축면적	약 130㎡ (39평)	연면적	약 600㎡ (181평)
건폐율	53.55%	용적률	199.92%
주차대수	지상 주차 2대 (기존 1대 + 증축분 1대 추가)	외부마감	롱브릭 치장벽돌 쌓기, 공간블럭 쌓기

30년 이상 된 강남지역 상가건물

리모델링 전 건물 좌측면

리모델링 전 건물 우측면

리모델링 후 건물 전면(2대 주차공간 확보)

리모델링 후 건물 좌측면

리모델링 후 건물 우측면

3장

꼬마빌딩
투자,
실전 노하우

빌딩 투자 전 알아야 할 기초지식

빌딩 투자를 하기 전에 기본적으로 알아야 할 기초지식들이 있다. 우선 대지면적, 연면적, 건축면적, 건폐율과 용적률, 그리고 임대수익률을 계산하는 법 정도는 알고 있어야 한다.

대지, 대지면적

대지는 개별 필지로 구획된 토지이며, 일반적으로 건축행위가 가능한 필지를 말한다. 쉽게 말해 건물이 깔고 있는 땅(토지)이라고 보면 된다. 그리고 대지면적이란 말 그대로 땅의 면적을 말한다. 우리가 흔히 말하는 평당 얼마라고 말하는 게 바로 대지면적당 기준으로 평당 가격을 산정하는 것이다.

토지, 건물에 대한 면적은 ㎡(제곱미터)로 표시해야 하지만, 부동산 업계에서는 아직까지 오래전부터 익숙한 평수(1평＝3.3㎡)로 많이 이야기한다.

건축면적

건축면적은 건축물의 외벽 또는 기둥의 중심선으로 둘러싸인 부분의 수평 투영면적을 말하는데, 일반적으로 1층의 바닥면적 또는 면적이 가장 넓은 1개 층의 면적이 이에 해당된다.

연면적

연면적이란 대지에 들어선 하나의 건축물 전체의 바닥면적의 합계를 말한다. 지상층뿐만 아니라 지하층과 주차장 시설 등 모든 면적을 포함한다. 대부분의 투자자들은 대지면적의 평당가가 얼마인지만 궁금해하고 연면적은 별로 관심을 가지지 않는데, 일정 규모 이상의 중대형 빌딩은 연면적당 가격으로 빌딩 가격을 산정한다. 특히 건물은 연면적에 따라 바로 옆에 있는 건물도 가치가 다를 수 있다. 연면적이 큰 건물은 그만큼 임대를 줄 공간이 크기 때문이다.

건폐율, 용적률

　　건폐율은 대지면적에 대한 건축면적의 비율을 말한다. 쉽게 말해 대지 100평에 건폐율 60%인 경우 건축면적이 60평이 된다. 그리고 용적률은 대지면적에 대한 건축 연면적의 비율을 말하는 것으로, 대지 내 건축물의 바닥면적을 모두 합한 면적(연면적)의 대지면적에 대한 백분율을 말한다. 쉽게 말해 건폐율이 높다는 건 건물이 가로로 길다는 것이고, 용적률이 높다는 건 건물 높이가 높다는 것이다.

　이런 법정 건폐율과 용적률은 용도지역마다 해당 지역의 조례로 정하고 있는데, 많은 용도지역이 있지만 서울시 기준으로 1, 2, 3종 일반주거지역, 준주거지역, 준공업지역, 일반상업지역 6개 지역만 알고 있으면 빌딩 투자를 하는 데 큰 문제는 없다. 우리가 투자하는 꼬마빌딩의 경우는 대부분 1, 2, 3종 일반주거지역인데, 1종과 2종의 건폐율은 60%이고 3종 일반주거지역의 건폐율만 50%이다. 3종이 2종보다 건폐율은 10% 더 작기 때문에 상층까지 임대가 잘 안 되는 지역이라면 차라리 건폐율이 10% 높은 2종이 더 좋기도 하다. 용적률의 경우 1종 일반주거지역은 150%에서 종이 올라갈수록 50%씩 올라가고, 준주거지역이나 준공업지역은 400%, 일반상업지역은 800%(4대문 안은 600%)이다. 빌딩 투자를 하려면 기본적으로 해당 지역 조례에서 정한 용도지역별 건폐율과 용적률 정도는 알고 있어야 한다.

　같은 용도지역이라도 오래전에 지은 건물의 경우는 현행 건축법에

따른 용도지역별 건폐율과 용적률보다 많이 받은 건물들이 있다. 일
례로 종로 쪽에 가보면 건물들이 따닥따닥 붙어 있는데, 예전에 지어
진 이 건물들은 그 토지의 최대 효율을 본 건물들이다 보니 주변 건
물보다 더 넓고 높다. 이런 건물들은 신축을 하면 현행 건축법의 적
용을 받아 건축면적이 줄어들기 때문에 리모델링을 하는 것이 훨씬
효율적이다. 이처럼 건폐율과 용적률의 이득을 본 건물은 주변 건물

 서울시 건폐율, 용적률 조례(지역마다 다름)

지역(법)		세분(시행령)	용적률	건폐율	지정 목적
도시지역	주거지역	제1종 전용주거지역	100%	50%	단독주택 중심의 양호한 주거환경 보호
		제2종 전용주거지역	120%	40%	공동주택 중심의 양호한 주거환경 보호
		제1종 일반주거지역	150%	60%	저층 주택 중심의 주거환경 조성(4층 이하)
		제2종 일반주거지역	200%	60%	중층 주택 중심의 주거환경 조성(18층 이하)
		제3종 일반주거지역	250%	50%	중·고층 주택 중심의 주거환경 조성(층수 제한 없음)
		준주거지역	400%	60%	주거기능에 상업 및 업무기능 보완
	상업지역	중심상업	1000% (800%)	60%	도심·부도심의 상업·업무기능 확충
		일반상업	800% (600%)		일반적인 상업 및 업무기능 담당
		근린상업	600% (500%)		근린지역의 일용품 및 서비스 공급
		유통상업	600% (500%)		도시 내 및 지역간 유통기능의 증진

* 상업지역 용적률의 ( ) 부분은 서울지역 4대문 안 지역임. 빈도 수가 적은 공업지역, 녹지지역은 제외

과 비교해 임대를 줄 수 있는 공간이 넓기 때문에 임대수익도 주변 건물보다 높은 편이다.

이 점을 염두에 두고 이 책을 읽고 있는 독자라면 건폐율과 용적률에서 이득을 본 건물들을 잘 찾아보자.

건물 가격

우리나라는 민법상 토지와 건물이 별개의 부동산으로 되어 있지만, 일반적으로 건물을 매입한다고 하면 건물만 매입하는 것이 아니라 토지와 건물을 함께 매입하는 것이다. 그래서 매매할 때 금액은 일반적으로 토지와 건물의 가격을 따로 산정하지 않고 일괄하여 이야기한다. 하지만 부동산을 평가할 때는 토지의 평당 가격 기준으로 이야기를 한다. 부동산은 건물 가격보다 토지의 가격이 더 크기 때문이다.

참고로 부동산업계에서는 근린생활시설 건물로 신축된 지 10년 이상 된 부동산은 건물 가격을 따로 산정하지 않으며, 10년 미만의 부동산은 일정 부분 건물 가격을 인정해 준다.

임대수익, 연수익률

빌딩을 매입하려는 투자자들 중에는 의외로

건물의 연수익률을 계산할 줄 모르는 경우가 많다. 단순히 매물보고서나 자료에 적혀 있는 수익률에만 의존하여 판단한다. 하지만 이런 자료는 생각보다 오류가 많이 존재하고 수익률을 부풀리기 위해 악의적으로 조작하는 경우도 있기 때문에 빌딩 투자뿐만 아니라 다른 수익성 부동산에 투자할 때 기본적으로 임대수익률 정도는 직접 계산해 보아야 한다.

건물의 임대수익은 건물의 가치를 나타내는 중요한 요소이다. 대부분의 투자자들은 임대수익을 얻을 목적으로 꼬마빌딩에 투자하기 때문에 임대수익을 분석하는 것은 빌딩 투자의 필수이다. 임대수익이란 건물의 임차인에게서 받은 임대료와 관리비(실제 관리비 지출을 제외하고 남은 순관리비) 수익을 말한다. 참고로 임대료에 포함된 10%의 부가가치세는 임대수익에 포함하지 않는다. 왜냐하면 부가가치세는 면세 항목(주택 등)을 제외한 소비행위에 대해 부과되는 세금으로, 임대인이 임차인으로부터 부가가치세를 별도로 받아 대신 신고·납부를 하는 것이기 때문이다. 그래서 임대료에서 부가가치세가 별도인지를 사전에 꼭 확인해야 한다.

임대수익은 투자원금 대비해서 연수익률로 계산을 하는데, 연수익률은 다음과 같이 계산한다.

연수익률 = 월세 × 12/투자원금(매매가 − 보증금) × 100

예를 들어 매매가 20억원이고, 보증금 1억원, 매달 받는 월 임대료가 500만원이라면 연수익률은 3.1%이다. 이러한 기본적인 연수익률

계산방법은 임대수익이 발생하는 수익형 부동산에 모두 적용되기 때문에 필수적으로 알아두어야 한다.

연수익률을 계산할 때 주의할 점은 대출금을 포함하지 않는다는 점이다. 대출금을 포함하면 금리에 따라 수익률이 달라지기 때문에 건물에 대한 실질적인 수익률 판단이 어려워진다. 일부에서는 수익률의 숫자를 높이기 위해 대출금을 포함하거나 심지어 부가가치세까지 포함하기도 한다. 그래서 수익형 부동산을 매입하기 전에는 임대수익률이 어떻게 산정되었는지 본인이 직접 확인할 필요가 있다.

이렇게 구한 임대수익률은 향후 빌딩을 매각할 때 아주 중요한 역할을 한다. 빌딩은 투자지역마다 사람들이 원하는 수익률, 즉 요구수익률이 다르다. 예를 들어 2020년 요구수익률의 경우 강남은 2%, 마포구는 3%, 그 외 서울지역은 많게는 4%까지도 된다. 금융상품처럼 말이다. 이처럼 요구수익률이 다른 이유는 지역마다 향후 시세차익과 환금성 등을 고려할 때 만족할 수 있다고 생각하는 정도가 다르기 때문이다. 그렇다 보니 비정상적으로 갑자기 시세가 올라간 곳은 요구수익률이 현저히 낮게 형성되기도 한다.

건물은 기본적으로 임대수익이 받쳐줘야 가치가 있는 것이다. 지금 당장 수익이 안 나온다면 수익을 올릴 수 있는 개선점이라도 있어야 하는데, 개선점도 없고 땅 가격만 상승하는 것이라면 투자 위험성이 크다고 할 수 있다. 그만큼 임대수익은 빌딩 가치에 있어 기본이 되는 요소이다.

A급 꼬마빌딩을 찾는 법

A급 꼬마빌딩 매물은 광고를 하지 않는다. 이 말을 다르게 해석하면 신문이나 인터넷 사이트에서 꼬마빌딩으로 고수익을 낼 수 있다는 광고성 매물들은 신중하게 접근해야 한다는 말이 된다.

광고를 보고 전화를 해보면 일단 자세한 내용을 알려면 회사에 방문하라고 하고, 실제 방문해 보면 광고 매물은 없거나 매각되었다고 한다. 그리고 더 좋은 매물이 있다며 다른 매물로 유도를 한다. 이처럼 대부분의 광고는 고객을 확보하기 위한 미끼 매물이 많다.

빌딩은 아파트 매물과 다르게 대지면적, 연면적, 층수, 준공연도, 임차인 등 몇 가지 정보만 알면 어떤 빌딩인지 쉽게 찾을 수 있다. 그래서 좋은 꼬마빌딩 매물은 이런 광고까지 하지 않아도 중개사들 본인 손님 내에서 계약이 되는 경우가 대부분이다. 입장을 바꿔 생각해도 매물 유출 우려가 있는데, 일부러 광고까지 할 필요가 있을까?

좋은 매물들은 광고를 하지 않아도 나온 지 얼마 되지 않아 조용히 (?) 사라진다. 특히 A급 건물들은 건물주가 자세한 시세를 모르거나 건물주에게 사연이 있는 경우가 많다. 예를 들어 건물주 건강이 악화되었거나 장기간 공실로 대출이자 감당이 어렵거나 세금이 밀리는 등 건물주가 급하게 팔아야 하는 상황이 생긴 건물들이다. 이런 사연이 있다 보니 시장에 풀리지 않고 가까운 중개사들만 아는 경우가 많고, 의외로 파는 이유가 명확하다 보니 금액 네고도 잘된다. 그래서 현장을 자주 다니며 발품을 팔면서 중개사들과 좋은 관계를 유지하는 것이 중요한 것이다. 관계를 잘 유지해서 좋은 매물이 나왔을 때 나에게 가장 먼저 연락을 하게끔 만들어야 한다.

환금성, 땅의 가치, 도로 접근성

필자가 생각하는 A급 꼬마빌딩의 기준이라고 하면, 첫째 환금성이 높은 지역의 빌딩을 매입하는 것이다. 환금성의 중요성은 아무리 강조해도 부족하다. 두 번째는 땅의 가치가 높아야 한다. 세 번째는 도로를 잘 접한 건물이어야 한다. 그리고 이 조건들이 충족되었을 때 마지막으로 보는 것이 건물 상태와 임대수익, 매매가격 등이다.

꼬마빌딩은 매매 수요가 높은 환금성이 있는 지역에 투자해야 시세차익을 얻을 수 있고, 대지의 위치에 따라 그 가치가 다르기 때문

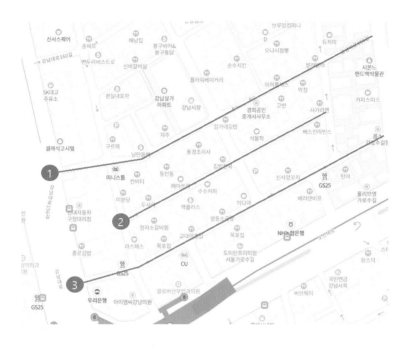

에 현재의 건물 모습이 중요한 게 아니라 노후된 건물이라도 나중에 신축이나 증축을 통해 가치를 올릴 수 있는 것까지 감안해야 한다. 그래서 꼬마빌딩을 볼 때는 대지의 용도지역이 무엇이고 어느 정도까지 신축이나 증축이 가능한지 확인해야 한다. 그리고 어떤 도로를 접하느냐에 따라 상권도 다르고 공실률과 나중에 매각시 환금성에도 영향을 끼친다.

위 지도에서 1, 2, 3번 중 상권이 가장 좋은 곳은 어디일까?

정답은 3번이다. 대로변에서 바로 큰 이면도로를 접한 곳이 가장 좋은 도로이다. 대로변에서 차로 바로 쉽게 진입할 수 있어 이 도로가 가장 상권이 활발하다.

그럼, 1번과 2번 중에는 어디가 가장 좋을까? 힌트를 얻었겠지만 바로 1번이다. 1번은 도로가 6m이고 2번은 차 한 대가 겨우 지나갈 만한 4m 도로이다. 도로 넓이도 그렇고 1번은 대로변에서 쭉 뻗어 있어 대로에서 차로 바로 진입이 가능하기 때문에 2번보다 상권이 더 활발하다. 2번 도로는 대로에서 진입도 힘들고 도로도 좁아 차를 타고 가기가 어려워 사람들이 찾아오기 힘들다. 1, 3번 도로의 상권이 활발하게 형성된 것에 반해 2번 도로는 대로변 바로 앞인데도 아직까지 주거시설이 많이 있다.

이 사례에서 보듯이 건물을 볼 때는 건물 하나만 보는 게 아니라 어떤 도로를 접하는지 등 도로 전체의 흐름을 파악해야 한다. 내가 상권 수요자 입장에서 이쪽의 상권을 이용하는 고객이라면 과연 어디로 이동하고 어느 쪽으로 갈지 생각해 보면 답이 나온다.

임대수익과 매매가는 부차적 요소다

이런 조건들이 어느 정도 갖추어졌을 때 마지막으로 건물의 상태와 임대수익, 매매가격 등을 분석해야 한다. 투자자들은 보통 임대수익과 가격을 먼저 보지만, 빌딩 투자에 있어서는 환금성, 땅의 가치, 도로 등의 기본적인 요소를 먼저 검토한 후에 건물 상태, 임대수익, 가격 등은 마지막에 보는 것이 좋다. 단지 임대수익과 가격이 저렴하다는 말에 현혹되어 기본적인 요소를 놓칠 수 있기 때문이다.

필자가 생각하는 A급 꼬마빌딩은 환금성이 높고, 땅의 가치가 좋고, 도로 접근성이 좋아 그 가치를 최대한 끌어올릴 수 있는 건물이라고 생각한다. 지금 당장 형편 없는 빌딩 모습만 보고 판단하면 안 된다는 것이다. 의외로 이런 건물 중에 보석 같은 건물들이 많이 있다.

프롭테크와
서울시 상권분석 사이트를 활용하라

프롭테크란 부동산(Property)과 기술(Technology)의 합성어로, 빅데이터 분석, 가상현실, 인공지능, 모바일 등의 기술을 활용하여 기존의 부동산 관련 서비스를 혁신하는 기업 또는 기술을 의미한다. 최근들어 인터넷과 IT 기술의 발달로 빌딩 시장에도 프롭테크 비즈니스가 등장했다. 이제 빌딩 시장도 프롭테크 서비스를 통해 꼬마빌딩의 대략적인 가치를 파악할 수 있는 시대가 온 것이다.

프롭테크를 통해
대지 정보부터 임대시세까지

　　　　　　　　　　필자가 처음 빌딩 시장에 들어온 10
년 전만 하더라도 빌딩 시장은 알음알음 그들끼리만 거래하는 폐쇄
적이고 제한적인 시장이었다. 인근 빌딩의 실거래가를 알 수 없어 매
입하려는 빌딩의 가격이 싼지 비싼지 제대로 분석도 못하고 중개사
말만 믿고 매입할 수밖에 없었다.

　　하지만 기술이 발전하며 실거래가를 손쉽게 조회할 수 있는 프롭
테크 서비스들이 많이 생겨나면서 마우스 클릭 한 번으로 주변의 매
각된 사례들을 연도별로 자세하게 알 수 있게 되었다. 기존에는 건물
과 땅에 대한 검토를 하려면 건축사에게 의뢰를 해야 해 시간과 비용

이 많이 발생했지만, 이제는 프롭테크를 통해 편리하게 대지에 대한 평가와 건물의 대략적인 검토가 가능해졌다. 또 임대시세를 분석하는 업체도 있기 때문에 빌딩 투자를 하기 전에 이런 프롭테크 서비스를 잘 활용하면 다양한 매물들을 검토할 수 있다.

현재 대지에 대한 평가를 할 수 있는 프롭테크 업체로 스페이스워크라는 곳이 있는데, 이곳은 빅데이터와 인공지능 기술을 기반으로 클릭 한 번으로 누구나 손쉽게 대지에 대한 평가와 대략적인 규모 검토가 가능한 '랜드북'이라는 서비스를 하고 있다.

서울시 우리마을가게
상권분석 서비스

서울시에서는 빅데이터를 토대로 100개 생활밀착업종을 선별하여 골목상권 단위로 업종별 다양한 정보를 제공하는 '우리마을가게 상권분석 서비스'를 무료로 공개하고 있다. 여기에서는 점포이력, 시설물, 상존인구(길 단위, 건물 단위), 상권정보 등을 볼 수 있는데, 서울시의 빅데이터를 기반으로 하는 것이기 때문에 객관적으로 해당 지역의 정보를 볼 수 있다는 장점이 있다.

이 사이트에서 가장 유용한 건 바로 '점포이력'이다. 점포이력에는 이 건물에 지금까지 있었던 임차인들의 개업일과 폐업일이 나와 있는데, 이 내역들을 통해 현재 임차인이 언제 개업을 했는지 등 건물의 역사를 알 수 있다. 즉, 임차인의 '최초계약일'을 알 수 있는 것이

다. 상가임대차보호법이 강화되면서 2018년 10월 16일 이후에 계약 또는 갱신한 상가 임차인들은 10년간 갱신요구권이 있는데, 여기서 최초계약일을 확인하면 임대차갱신요구권이 있는 임차인인지 파악할 수 있다.

이처럼 빌딩 투자를 하기 전에 여러 프롭테크 업체와 공공기관 데이터를 잘 활용하면 좀 더 확실한 의사결정을 하는데 도움이 될 것이다. 내 자산 중 가장 큰 자산의 거래를 하는데, 중개사가 주는 매물보고서만 믿고 매입하기에는 리스크가 너무 크다. 이런 간단한 분석을 통해 매입에 따른 리스크를 줄이길 바란다.

근린생활시설 꼬마빌딩을 주목하라

꼬마빌딩을 매입하는 과정에서 대출을 받을 때 주택이 포함된 건물은 방의 개수에 따라 공제를 하기 때문에 대출금액이 줄어든다. 또 주택에 대한 대출 규제가 강화되어 15억원을 초과하는 고가주택은 대출이 안 나올 뿐더러 보유 및 매각시 세금 부담도 크기 때문에, 비교적 규제를 덜 받는 근린생활시설 건물들이 인기를 끌고 있다. 근린생활시설이란 일상생활에 필요한 재화 및 서비스를 제공하는 시설을 말하며, 우리가 이용하는 상가시설이나 사무실 등이 이에 해당된다. 그래서 이런 근린생활시설이 포함된 건물은 주택 건물보다 대출이 쉽고, 법인으로 매입하는 경우에는 RTI(임대업이자상환비율) 적용을 받지 않아 적은 돈으로도 대출을 이용해 투자가 가능하다.

특히 주택 건물은 부동산 규제 정책이 쏟아지면서 대출이 더 어려워졌다. 맨 위층에 주인이 거주하고 아래층은 임대를 줘 안정적인 임대수익과 시세차익을 얻었던 상가주택은 이제 더 이상 매력적인 투자수단이 아니다. 게다가 건물주가 맨 위층에 거주할 경우 매일 임차인과 마주치다 보면 불편한 상황들이 발생되어 임차인 관리가 더 어려워질 수 있고, 임대료를 올리기도 쉽지 않다. 차라리 주변에서 전세를 사는 한이 있더라도 건물은 투자용으로 보는 게 좋다. 참고로 기존에 주택이 있던 사람들은 이런 상가주택을 매입하는 순간 2주택자가 되어 세금 부담이 커진다.

그리고 투기과열지구 조정대상지역 내에서 주택을 거래하는 경우(상가주택 포함)에는 일반 주택을 매입하는 것과 동일하게 자금조달계획서를 작성해야 하기 때문에 투자자들 입장에서는 부담이 될 수 있다. 하지만 전 층 근린생활시설 건물일 경우에는 자금조달계획서가 필요 없다. 이런 이유들 때문에 투자자들은 더욱 전 층 근린생활시설 건물을 찾게 되고, 근린생활시설 건물이 주택이 포함된 건물보다 매각도 더 쉽다. 따라서 현금 여력이 된다면 노후된 주택 건물을 저렴하게 매입해 용도변경을 통해 근린생활시설 건물로 만드는 것도 좋은 투자방법이 될 수 있다.

또는 역세권 주변에 1층에는 상가가 있고 나머지 층은 사무실 등으로 임대를 줄 만한 노후된 건물을 매입해 신축이나 리모델링을 하는 것도 좋은 방법이다. 메인 상권에 있는 경우 가격도 비싸거니와 상권이 언제 바뀔지 모르고 건물에 상가만 있는 경우 임차인들 관리가 어렵기 때문이다. 그래서 꼭 상권이 활발한 곳이 아니더라도 역세권에 위치하고 1층 정도만 상가로 되어 있고 나머지는 사무실로 임대하기 좋거나, 아파트·다세대·연립주택 등 배후세대 밀집지역이 있는 곳에 위치하여 1층은 상가로 되어 있고 위층은 학원과 병원 등으로 임대가 되어 있는 건물이 관리도 편하고 공실률이 낮을 수 있다.

이제 주택으로 임대수익을 받던 시대는 끝났다. 앞으로 주택 규제가 풀리지 않는 이상 근린생활시설 건물의 인기는 더욱 높아질 것으로 예상된다. 대세는 근린생활시설 건물이 될 것이다.

환금성이 높은 곳에 투자하라

건물은 다른 투자상품과 비교했을 때 환금성이 떨어지는 상품이다. 매각시 짧게는 몇 개월에서 길게는 몇 년이 걸릴 수도 있다. 반면 인기지역의 좋은 매물은 며칠 만에 팔리기도 하고, 빠르면 하루 만에 매각되기도 한다.

실제로 2020년 코로나19가 발생한 후 강남지역은 다른 지역과 비교했을 때 거래량이 월등히 많았다. 경기가 불안할수록 사람들은 더 안전한 곳에 투자하려는 경향이 많기 때문이다. 그렇다면 사람들이 어떤 지역과 어떤 건물을 선호하는지 알기 위해서는 어떻게 해야 할까?

우선 거래량이 많은 지역의 매각 사례들을 자세히 살펴볼 필요가 있다. 환금성이 높다는 건 그만큼 거래가 많이 되고 가격이 오르는

지역이라는 것이다. 단순히 건물 규모와 내외관, 매매가격과 임대수익률만 검토하고, 평소 가본 적도 없는 외곽지역에 투자했다가는 낙동강 오리알 신세가 될 수도 있다. 외곽지역은 내가 살고 있는 거주지와 멀다 보니 건물 관리도 어렵고, 비인기지역이다 보니 막상 팔려고 해도 매각이 쉽지 않다.

그래서 건물에 투자할 때 가장 기본은 바로 거래량이 많은 지역의 빌딩을 찾는 것이다. 이때 주의해야 할 점은 인기지역이라 해도 해당 지역 내에서 동별로도 거래되는 건수나 금액대가 다르며, 어떤 도로를 접하고 있는지에 따라 환금성에 차이가 난다는 것이다. 예를 들어 거래량이 가장 많은 강남지역의 경우 대부분의 건물이 거래가 잘될 것 같지만 상업지가 아닌 차 한 대 지나갈 정도의 좁은 도로에 있는 100억대 건물은 매매가 쉽지 않다. 보통 100억원이 넘는 금액대를 투자하는 사람들은 돈을 좀 더 주더라도 도로가 넓은 건물을 매입하고 싶어 하기 때문이다.

요즘 핫한 홍대 주변이나 연남동의 경우 거래량은 많지만 대부분 거래되는 빌딩의 금액대는 100억원 미만이고, 그중에서도 50억원 미

만의 꼬마빌딩이 거래가 활발하다. 그래서 이 지역은 100억원만 넘어가도 환금성이 많이 떨어지게 된다.

이처럼 거래량뿐만 아니라 금액대별로도 지역을 분석해 볼 필요가 있다. 내가 예비매수자의 입장에서 이 정도 조건이라면 이 지역 건물을 매입할 것인지 역지사지로 생각해 봐야 하는 것이다. 아무리 좋은 건물이라도 팔려고 할 때 매각이 되지 않는 건물은 매력이 없다는 것을 명심해야 한다.

주거시설의 호재와
꼬마빌딩의 호재는 다르다

대형 쇼핑몰이 들어오는 것은 과연 주변 상권에 호재일까? 그렇지
않다. 쇼핑몰이 들어오면 사람들은 쇼핑몰 안에서만 있다가 집으로
돌아간다. 쇼핑몰 안에 모든 게 다 있기 때문이다.

쇼핑몰과 지하철 연장은 상권 확산에
도움이 되지 않는다

송파의 예를 들면, 이 동네 사람들이나 유동인
구들이 모이는 장소는 잠실 롯데타워일 것이다. 롯데타워 안에는 쇼핑
몰, 식당, 영화관 등 대부분의 여가시설이 모여 있고, 옆에는 롯데월드

와 석촌호수도 있어서 가족이나 연인들이 즐기기에 좋다. 이처럼 한곳에서 모든 걸 해결할 수 있기 때문에 송파 전체적인 상권뿐만 아니라 주변 지역 상권까지도 빨대처럼 흡수해 버린다. 그렇다 보니 꼬마빌딩 시장에서는 인근에 대형 쇼핑몰이 들어오는 건 호재가 아닐 수 있다.

지하철이 들어오는 것 역시 무조건 호재가 아니다. 지하철역에서 주요지역으로 가는 노선이 있으면 오히려 상권을 뺏길 수 있다. 예를 들면 신분당선은 강남역에서 판교를 거쳐 광교까지 이어져 있다. 과연 이 노선이 생겨서 광교 상권과 강남역 상권 중 어느 곳이 좋아졌을까? 당연히 강남역 상권이 더 좋아졌다. 왜냐하면 우리가 친구나 지인을 만날 때 광교에서 만나기보단 대부분 강남역에서 만나기 때문이다. 또한 판교의 경우도 IT기업들이 많이 있어 점심 상권은 활발하지만 저녁에는 대부분 신분당선을 타고 강남까지 10분 정도면 이동할 수 있어 저녁에는 강남 상권이 더 활발하다.

강남과 지하철 노선이 연결되면 호재라고 생각하는데, 이는 주거시설에 대한 호재이다. 주변에 대형 쇼핑몰이 들어오거나 지하철역이 연장되면 당연히 주거시설은 좋아진다. 하지만 상권은 빼앗길 수 있다는 걸 명심해야 한다. 그럼, 상권에 호재가 될 만한 건 무엇이 있을까?

높은 비즈니스 빌딩과 호텔은 상권에 도움이 된다

대로변 쪽에 높은 빌딩이 들어서는

것은 상권에 직접적인 호재라고 볼 수 있다. 대로변에 큰 빌딩들이 들어서면 상주하는 인원들이 많아지게 될 것이고, 이는 자연스럽게 이면의 상권에도 영향을 미치게 된다. 그리고 주변에 호텔이 신축되어 투숙객들이 많아지게 되면 지역 상권이 영향을 받을 수 있다. 우리가 호텔에 투숙을 하면 안에 있기도 하지만 대부분은 주변을 돌아다니며 관광을 하기 때문이다.

또한 북적북적한 곳이 아닌 여유로운 공원이 생기는 것도 호재로 볼 수 있다. 예를 들어 연남동 폐철길이 경의선 숲길로 변하며 주변 상권이 좋아진 것이 좋은 예이다.

이처럼 상권을 이해할 때에는 직접 상권 이용자의 입장에서 생각해 봐야 한다. 과연 나라면 친구나 고객을 만날 때 이 상권을 이용할 것인지를 말이다. 그리고 상권을 볼 때는 주거시설의 호재와 상업용 꼬마빌딩의 호재는 다르게 봐야 한다.

신축과 리모델링으로
건물에 트렌드를 입혀라

　최근에 신축을 하거나 리모델링을 한 꼬마빌딩은 매물이 잘 나오지 않을 뿐더러, 나온다 해도 가격이 반영되어 있어 비싸게 나온다. 건물주 입장에서는 건물 상태도 좋고 임대료도 잘 나오는 건물을 굳이 싸게 팔 이유가 없기 때문이다.

　그래서 우리는 노후된 건물을 저렴하게 매입해 신축이나 리모델링을 통해 가치를 올리는 방법을 생각해야 한다. 꼬마빌딩 투자는 리모델링이나 신축과 같은 건축행위를 했을 때 더 많은 차익이 발생되기 때문이다. 하지만 무조건 리모델링이나 신축을 한다고 해서 가치가 오르는 것은 아니다. 우리가 거리를 지나다 보면 신축한 지 얼마 되지 않은 거 같은데, 10년 이상 되어 보이는 올드한 건물들도 많이 있다. 이런 건물에 임차인이 들어올리 만무하다 보니 매각도 어렵다.

트렌드에 맞는 건축행위를 해야
임대도 잘되고 매각도 잘된다

　　　　　　　　　　　　이제는 신축이나 리모델링을 할 때
설계에 신경을 많이 써야 한다. 건축 설계를 어떻게 하는지에 따라
공실률과 매매가격이 달라지기 때문이다. 설계비가 저렴하다고 해
서 무조건 싼 곳에서 하면 안 된다. 물론 건물에 예술을 많이 입힐 필
요는 없지만, 요즘 트렌드에 맞는 설계를 해야 임차인들이 잘 들어온
다. 이건 필자가 수많은 건물을 중개하면서 느낀 점이다.

　건물에 예술을 입힌다고 대리석만 많이 붙이고 여러 가지 색깔을
넣어 화려하게 만들려다 오히려 더 안 좋은 인상을 줄 수 있다. 건물
이 작으면 작을수록 심플하고 밝게 해야 건물도 커 보이고 임대도 잘
들어온다. 깔끔하고 공간을 효율적으로 만들어 임차인들이 좋아할
만한 특징을 잘 살려주는 것이 필요하다.

　신축이나 리모델링 비용은 케이스마다 틀려서 특별한 기준을 이야
기하기 어렵지만, 대략적으로 근린생활시설 건물을 기준으로 볼 때
리모델링을 할 경우 연면적당 500만원 내외, 신축은 약 1,000만원(주
택은 더 비쌈) 이상이다. 최근 자재 가격과 인건비가 많이 오르면서 건
축비용이 계속 증가하고 있다. 추가적으로 엘리베이터가 들어가거나
대지면적이 작은 건물을 높게 신축하거나 좁은 도로에서 공사를 할
경우 비용이 높아질 수 있다. 또 6층 이상의 건물을 신축하는 때에는
추가비용이 더 들어갈 수 있다.

건축사와 시공사를
잘 만나야 한다

건축 설계비용은 업체마다 다르지만 꼬마빌딩 규모는 대략 5,000만원~1억원 정도로 예상하면 된다. 물론 더 저렴하게 할 수도 있겠지만 설계는 그 건물의 가치를 살리는 가장 중요한 요소이다 보니 무조건 싼 곳을 찾기보다는 돈이 좀 들더라도 최신 트렌드에 맞는 설계를 해야 한다. 그러려면 젊고 감각이 있는 설계사를 만나는 것이 중요하다.

건축사에게 의뢰할 때는 건축설계뿐만 아니라 건물에 들어갈 제품까지 세밀하게 정해 실제 공사시 공사비용 변동이 적은 '실시설계'를 하는 것이 좋다. 실시설계는 전구와 변기까지 어떤 제품을 써야 하는지 상세하게 설계하는 것이다.

그리고 시공사 역시 신중하게 결정해야 한다. 건축행위를 할 때 가장 문제가 많이 발생하는 때가 시공할 때이다. 공사를 진행하다 보면

견적서보다 터무니없이 비용이 증가하는 경우가 다반사이고, 공사를 제대로 하지 않거나 공사하는 도중에 도망을 가는 경우도 있다. 공사 계약을 따내려고 무리하게 싼 가격에 견적을 냈다가 공사 중에 공사 금액을 올리는 경우도 비일비재하다. 그래서 시공사를 선정할 때는 회사가 탄탄하고 업력이 되며 공사 경험이 많은 곳이어야 한다. 그리고 A/S가 잘되는 업체여야 된다. 건축의 경우 완공 이후에도 하자가 발생되는 경우가 많기 때문에 A/S를 잘해 주는 업체인지 먼저 확인해 봐야 한다.

리모델링이나 신축은 어려운 과정이기는 하지만, 믿을 만한 업체를 잘 만나면 생각보다 신경을 덜 쓰고 수월하게 건물 가치를 최대한 끌어올릴 수 있다. 그러니 무조건 가격이 저렴한 건축사나 시공사보다는 어느 정도 금액이 들더라도 최대한 검증된 업체를 정하는 것이 중요하다.

노후된 주택을 싸게 매입해
용도를 변경하라

주택에 대한 규제가 심해지면서 세금 부담이 커지자 주택 건물들이 시장에 많이 나오고 있다.

주택 부분을
근린생활시설로 변경하라

그렇다면 앞으로 주택이 포함된 상가주택이 매물로 나올 경우 이를 매입해 새롭게 신축을 하거나 리모델링한 후 근린생활시설로 용도변경하는 방법이 좋은 투자수단이 될 것이다. 주택을 근린생활시설로 변경하는 조건은 건물이 오래되고 주차장이 확보되어 있고 정화조 용량 등만 확인하면 어렵지 않게 할 수 있다.

가로수길이나 홍대 주변을 가보면 주택 건물을 리모델링하여 근린 생활시설 건물로 용도변경한 후 상가로 사용하는 건물들을 많이 볼 수 있다. 이러한 주택 건물의 경우 예전 건축법을 적용받아 지하가 반지하처럼 올라와 있기 때문에 지하라도 1층처럼 임대료를 더 받을 수 있는 장점이 있다. 또 연면적과 용적률을 확인해 용적률이 남은 경우 증축을 통해 면적을 더 확보할 수도 있다. 다만 증축을 할 때 건물이 벽돌로 된 연와조로 되어 있는 경우에는 구조 보강공사를 별도로 해야 하기 때문에 공사비용이 많이 발생될 수 있으니 사전에 건축사와 현장에서 확인을 해봐야 된다. 그리고 신축을 한다면 건물의 상태가 아닌 대지(땅)의 용도지역과 해당 지역의 관련 법규를 확인해야 하고, 신축시 일조권 사선을 받으면 어느 정도까지 면적이 확보되는지 등 신축 개요를 미리 건축사와 검토해야 한다.

주택 건물로
대출을 더 받는 방법

주택 건물의 경우 대출이 적거나 안 나온다고 생각하는데, 미리 매도인과 협의해 잔금 지급일 전에 명도를 하고 신축을 위해 철거를 하면 대출을 더 받을 수 있다. 이때 체크해야 할 것이 있는데, 매도인이 1주택자인 경우 주택인 상태에서 매각을 해야 양도세 비과세 또는 감면 혜택을 받을 수 있다. 그래서 매도인은 양도소득세 신고시 주택으로 인정을 받아야 하는데, 이 경우 원칙은 잔금일 기준으로 양도소득세를 산정하지만 매수인의 요청에 따라 멸실을 한 경우 매도인의 양도소득세 신고는 계약일을 기준으로 하기 때문에 계약일 당시에 주택이었다면 매도인은 양도소득세를 신고할 때 주택으로 인정받을 수 있다. 하지만 이 내용을 자세히 설명해도 매도인들의 입장에서는 리스크가 있다고 생각하기 때문에 협조를 잘 해주지 않는다. 그래서 사전에 세무컨설팅을 주선하는 등 매도인에게

이익이 되는 것을 제공해 주며 설득해야 한다.

대출을 받을 때는 상가주택의 경우 상가비율이 주택비율보다 조금 더 높다면 1금융권에서 대출을 더 받을 수 있다. 다만 은행마다 지침이 다르기 때문에 사전에 여러 은행에 문의를 해볼 필요가 있다.

앞으로 부동산시장은 보유세 부담과 대출 규제로 인해 주택 매물이 많아질 것으로 예상된다. 그래서 주택 건물을 저렴하게 매입해 건축행위를 할 수 있다면 충분히 좋은 기회라고 볼 수 있다.

1층은 빌딩의 얼굴이다

건물 임대료의 약 40~50%는 1층에서 나오고, 1층 임차인의 업종에 따라 빌딩 가치가 달라지기도 한다. 우리가 흔히 위치를 말할 때 빌딩 이름보다는 ○○커피숍 건물, ○○편의점 건물 등 1층에 들어간 상호로 해당 건물을 설명한다. 그만큼 건물에서 1층의 업종은 중요하다.

이처럼 건물 전체 이미지에 영향을 주는 1층은 건물의 얼굴이다 보니 임대에 신중해야 한다. 특히 1층 업종을 잘못 받으면 나중에 매각할 때 가격을 제대로 받지 못하거나 다른 층 임대가 어려울 수도 있다. 예를 들어 1층에 음식 냄새가 많이 나는 식당이 들어온 경우 건물 전체에 영향을 줄 수 있어 다른 층 임치인들이 안 들어올 수 있다. 빌사남의 첫 번째 사무실도 1층에 식당이 있었는데, 환기시설이 제대로 되지 않아 4층 사무실까지 냄새가 올라왔다. 결국 이 냄새 때문에 사무실을 옮겨야 했다. 반면 누구나 좋아할 만한 업종이 1층에 있으면 예비매수자 입장에서는 관심을 더 가지게 된다. 예를 들어 1층에 카페가 있는 경우 건물 임차인들이 내방객을 만날 때 1층에서 미팅하기 편리하기 때문에 그 건물의 임대를 원할 수 있다. 그래서 공실이 발생한 경우 일정 기간 공실로 비워두거나 렌트프리 등 임대료 혜택을 주더라도 1층 임차인은 다른 임차인들보다 신중하게 고려하여 깔끔한 업종을 받는 것이 좋다.

만약 임차인을 구하기 어렵다면 건물주가 직접 1층에 매장을 운영하는 방법도 있고, 또는 주변에 장사를 잘하는 사람이 있다면 같이 공동투자를 하여 운영은 그 사람에게 맡기면 건물주는 임대료와 별도로 사업소득까지 얻을 수 있다. 특히 최근에는 강화된 상가임대차보호법으로 인해 임대차갱신요구권과 권리금 문제가 이슈가 되면서 건물주가 직접 매장을 운영하거나 동업을 하는 경우도 많이 있으니 참고하기 바란다.

이제 1층의 임차인은 10년을 같이 간다는 생각으로 더욱 신중에 신중을 기해야 된다. 1층 임차인은 건물의 얼굴이고, 그 건물의 가치를 정하기도 하기 때문이다.

꼬마빌딩에 SNS 포토 스팟을 만들어라

예전에는 상가가 눈에 잘 띄는 곳에 있어야만 장사가 잘됐는데, SNS가 발달하면서 뒷골목에 있는 가게라도 예쁜 사진을 남길 만한 곳이라면 젊은 고객들이 찾아오는 시대가 되었다. 이런 시대적 변화에 맞춰 꼬마빌딩도 인스타그램 포토 스팟이 있는 경우 건물이 저절로 홍보가 되어 임차인들이 더 들어오려고 할 것이고 매각시에도 좋은 영향을 끼칠 수 있다.

유동인구를 모으려면 특히 젊은 여성들의 마음을 사로잡는 것이 중요하다. 상권이 좋은 곳에 가보면 주로 젊은 여성들이 많고, 그들은 그중에서 사진이 잘 나오는 건물과 가게를 찍어 SNS에 올리며 본인이 이곳에 왔다는 것을 알린다. 그리고 사람들은 이런 사진을 보고 끊임없이 그 지역과 건물로 찾아온다.

이 사진은 압구정 로데오거리 인근에 있는 포토 스팟이다. 여기를 방문한 대부분의 사람들은 항상 똑같은 배경으로 사진을 찍고, 이를 SNS에 올린다. 그들은 이 사진을 찍기 위해 일부러 뒷골목에 있는 가게까지 찾아온다. 핸드폰으로 지도를 보고 찾아오고, 택시를 타고 찾아오기도 한다. 음식 맛도 좋지만, 이 건물에서 사진 한 장을 찍기 위해 먼 곳에서 찾아와 긴 줄을 기다리며 흔적을 남긴다.

이처럼 이제 꼬마빌딩도 변화와 차별화가 필요하다. 꼬마빌딩도 단순히 임대만 주는 공간이 아니라 건물 전체를 하나의 상품으로 봐야 한다. 홍보가 잘되고 많은 사람들이 찾아와야 건물 가치도 올라가기 때문에, 사람들이 먼 곳까지 찾아와 건물을 배경으로 사진 촬영을 할 만한 SNS 포토 스팟을 만들어 보는 것도 좋은 방법이 될 것이다.

리모델링 성공사례 ②
역세권에 위치한 코너 건물 리모델링

´ 역세권에 위치한 30년 이상 된 노후 건물로, 공실률이 높고 임대수익률이 낮은 건물이었다. 매입 후 건물 내외부 리모델링을 진행했는데, 4층과 5층의 주택은 리모델링 후 용도변경을 하여 전 층 근린생활시설로 만들었다.

1층은 도로 쪽으로 폴딩도어를 해 공간감을 넓혔고, 2층부터 위층으로는 고급스러운 느낌이 나도록 사비석으로 마감을 했다. 그리고 햇빛이 잘 들어오도록 남향 부분을 커튼월로 시공하여 밝고 쾌적한 분위기를 살렸다. 건물에는 조명을 포인트로 줘서 밤에도 눈에 잘 띄게 만들었다.

그러자 리모델링 공사가 끝난 뒤 1개월도 안 되어 임대가 완료되었다.

대지면적	약 165㎡ (50평)	건축규모	지하 1층~지상 5층
용도	제2종 근린생활시설 (일반음식점, 사무실)	건축구조	철근콘크리트구조
건축면적	약 80㎡ (24평)	연면적	약 500㎡ (150평)
건폐율	약 50%	용적률	약 230%
주차대수	4대	외부마감	사비석 잔다듬, 징크패널, 투명 로이 복층유리 마감

리모델링 전 건물

리모델링 후 건물 우측면   리모델링 후 건물 전면

햇빛이 잘 들게 커튼월로 시공   리모델링 후 건물 우측면

4장

꼬마빌딩,
실전 투자의
모든 것

한눈에 보는 꼬마빌딩 투자 로드맵

꼬마빌딩 투자의 사전단계

빌딩 매입을 위한 자금계획과 빌딩 전문 중개사를 알아보는 단계이다. 이때는 부동산 관련 서적과 인터넷 검색을 병행하면서 기초적인 지식을 얻는 것이 중요하다.

투자지역 선정 및 투자계획

매입할 건물을 본격적으로 찾는 단계이다. 투자지역을 선정하고, 투자 목적, 선호하는 조건, 대출비율 등

한눈에 보는 빌딩 투자 로드맵

사전단계
- 자금계획(현금, 부동산 등)
- 빌딩 전문 중개사 물색

투자지역 선정 및 투자계획
- 검토지역은?
- 투자 목적?(임대수익, 시세차익)
- 선호하는 조건?(코너, 역과의 거리 등)
- 대출은 얼마나?

계약 전 체크사항
- 부동산 명의?(가족, 개인, 법인)
- 은행 대출 가능 여부 확인
- 자금 스케줄(계약, 중도금, 잔금)
- 건물분 부가세 확인(포괄양도양수계약서 작성시 제외)
- 임대차 계약 및 임대료 미납 여부 확인
- 6월 1일 재산세 부과기준일
- 취득 관련 비용 체크(취득세, 중개수수료, 법무사수수료 등)

계약 체결

잔금 전 체크사항
- 임대사업자 등록(계약서, 영수증)
- 은행 대출 승인
- 임대차승계확인서 작성 및 임차인 면담
- 법무사 선임
- 잔금정산서 확인
- 시건장치, 도면, 외주관리계약서 등 건물 관련 서류 받기

매입 후 사후관리
- 직접 관리? 관리업체 위탁?
- 시설관리, 임대관리, 재무관리 계획 수립
- 리모델링이나 신축시 건축업자 선정

투자계획을 상세하게 세운다. 이때는 매물을 찾는 것도 중요하지만 관심 있는 지역에서 최근 매각된 빌딩들도 같이 보면서 매각된 이유를 찾아보고, 신축이나 리모델링한 건물을 벤치마킹하고, 어떤 임차인을 들였는지 매각 사례를 통해 힌트를 얻을 수 있다.

계약 전 체크사항

매입할 건물을 찾았다고 끝이 아니다. 개인 명의로 할 것인지 법인을 설립해 매입할 것인지 등 매입 주체를 정하고, 건물분 부가가치세와 취득비용, 은행 대출 가능 여부, 자금계획 등을 빌딩 계약 전에 미리 체크해 봐야 한다.

잔금 전 체크사항

임차인들에게 임대료를 받는 임대업을 하기 위해서는 사업자등록을 해야 하고, 기존에 탁상감정으로 예상치만 계산되어 확정이 안 되었던 은행 대출을 매매계약서를 첨부해 승인받아야 한다. 그리고 잔금 지급일 전에 임차인들을 만나 임대인이 변경되는 것에 동의한다는 임대차승계확인서를 받고, 임차인 면담을 통해 불편사항이나 누수·균열 등 건물에 하자 부분은 없는지 확인해야 한다. 또한 임대료·관리비·공과금 등을 정산하는 잔금정산서를 잔금일로부터 최소 2~3일 전에는 확인하고, 잔금일 전에 미리 명의 이전 등 취득 관련 업무를 처리해 줄 법무사를 선임하고, 잔금일에는 반드시 시건장치, 도면, 외주관리계약서 등 건물과 관련된 일체의 서류를 받아야 한다.

매입 후 사후관리

매입 후에는 직접 관리를 할지 아니면 빌딩 관리 업체에 위탁할지 등을 정하고, 직접 관리를 한다면 시설·임대·재무 관리는 어떻게 할 것인지 등의 계획을 세워야 한다. 노후화된 건물을 매입해 리모델링이나 신축을 할 계획이라면 미리 건축업자를 선정해야 한다.

매입 스케줄표 작성

빌딩을 매입하기 전에는 매입 스케줄표를 작성해 봐야 한다. 매입 스케줄표를 작성하다 보면 매입 가능한 건물의 규모나 세금 등 부대비용을 미리 파악할 수 있어 여러 가지 변수를 줄일 수 있다. 매입 스케줄표 작성을 통해 기본적으로 검토할 내용들은 다음과 같다.

매입 주체의 결정

개인 명의로 할 것인지 아니면 법인 명의로 할 것인지 건물을 매입할 주체를 정해야 한다. 개인으로 한다면 명의는 누구 명의로 하고, 공동명의로 한다면 지분비율은 어떻게 할지 세무 전문가와 매입 전에 상담을 해봐야 한다. 신규법인을 설립해 매입할 경우 개인으로 계약했다가 잔금 전에 신규법인 명의로 다시 계약서를 작성하는 방법도 있다. 법인을 설립하는 데는 넉넉잡아 일주일 정도의 기간이 소요되기 때문에 이를 감안해 계약을 진행하면 된다. 그리고 법인 설립시 대부분 1,000만원 정도의 자본금으로 설립하는 경우가 많은데, 은행에서 볼 때 신규법인이고 자본금이 너무 적으면 대출조건이 안 좋을 수 있다. 보통 1억원 정도의 자본금으로 하고 나중에 은행 요청에 따라 증자하는 것이 좋다.

가용자금 및 대출 가능 여부 확인

두 번째는 가용 가능한 자금이 어느 정도 되는지 확인해 봐야 한다. 수중에 예금은 얼마가 있고, 적금이나 주식 등 현금으로 바꿀 수 있는 금액은 얼마 정도 되는지를 확인한다. 또 공동담보로 제공할 담보 부동산이 있으면 대출조건이 달라지기 때문에 살고 있는 집이나 상가, 소유하고 있는 땅 등 공동담보로 제공할 수 있는 부동산을 확인하여 이를 추가 담보로 제공했을 때 얼마까지 대출이 가능한지 은행과 미리 협의해야 한다.

은행에서 대출조건이 가장 좋은 시기는 1년 중 연초이다. 연초에 은행은 연간 대출 목표치를 정하고 공격적으로 영업을 하는 시점이기 때문에 대출조건이 좋고, 연말로 갈수록 임대사업자 대출이 소진

되어 대출이 안 나오거나 조건이 나빠질 수 있다. 만약 연말과 연초에 잔금이 예정되어 있다면 가능하면 연초에 잔금을 정산하는 것이 좋다. 다만 1월 초는 은행 인사이동이라는 변수가 있어 새로운 지점장이 취임한 1월 중순 이후에 하는 것이 좋다.

취득세 확인

세 번째는 건물을 매입하면서 발생되는 취득세를 감안해야 한다. 의외로 많은 투자자들이 건물 매입 후의 취득세를 고려하지 않는 경우가 많은데, 보통 근린생활시설 건물을 매입하면 4.6%의 취득세가 발생하며, 여기에 소유권 이전비용 등을 감안하여 매입가격의 약 5% 정도를 준비해야 한다. 40억원 정도의 건물을 매입한다면 2억원 정도의 취득 부대비용이 발생하는 것이다. 상가주택의 경우는 상가와 주택의 비율에 따라 각각 취득세를 납부하게 된다. 그리고 수도권 과밀억제권역 내의 본점이 있고 설립된 지 5년이 안 된 신규법인이 과밀억제권역 내의 부동산을 취득하면 취득세가 9.4%로 중과되어 약 2배 더 많은 금액을 납부해야 하니 이 부분은 사전에 꼭 확인해야 한다. 그리고 2020년 7월 10일 부동산 대책 이후 법인 명의로 주택을 취득할 경우에는 12%의 취득세가 발생하게 된다.

이처럼 법인 명의로 노후화된 주택을 매입해 리모델링·신축을 하거나, 상가주택을 매입하는 경우 취득세가 부담이 될 수 있기 때문에 매입 전 이 부분을 확실하게 체크해야 한다.

부동산 중개보수

　　　　그리고 추가적으로 부동산 중개보수도 고려해야
한다. 건물의 경우 법정 상한선인 0.9% 내에서 협의하도록 되어 있
으므로 이 범위 안에서 계약 전에 합의를 하는 것이 필요하다. 특히
중개보수를 지급할 때는 부가가치세를 별도로 지급하여 세금계산서
를 받아야 한다. 나중에 매각시 양도소득세를 신고할 때 중개보수는
필요경비로 인정받을 수 있기 때문에 정확한 법정증빙을 받아두어야
한다.

 매입 스케줄표 샘플

1. 투입금액 내역				
				(단위 : 만원)
내　용		금　액	비　고	비율 /금리
1) 매매금액		₩380,000		
2) 대출금액	-	₩270,000	대출시 적용금리	2.8%
3) 보증금	-	₩20,000	매매금액에서 공제함	
4) 취득세	+	₩17,480	등기 접수시 완납해야 함	4.6%
5) 등기비용	+	₩760	채권 할인, 법무사 수수료 포함 (채권 할인율에 따라 변동될 수 있음)	0.2%
6) 중개수수료	+	₩3,420	부가세 별도	0.9%
7) 투입금액	=	₩111,660		

2. 임대료 및 지출내역			
			(단위 : 만원)
내　용		금　액	비　고
8) 월 임대료		₩1,100	연간 임대료 1억 3,200만원
9) 월 이자비용	-	₩630	연간 이자비용 7,560만원
10) 월 수익금	=	₩470	8) - 9)

투자지역 선정

투자를 할 때 가장 안전한 방법은 본인이 잘 아는 지역에 투자하는 것이다. 그러면 아무래도 리스크가 적다. 그런데 만약 잘 아는 지역이 투자가치가 낮다면 어떻게 해야 할까? 이때는 20~30대가 주로 모이는 지역 위주로 투자지역을 정하는 것이 좋다.

다만 이때 주의할 점은 너무 유행에 따라가면 안 된다는 것이다. 최근 많은 ○○○길이 생겨나며 젊은이들이 많이 찾고, 미디어에도 자주 소개되고 있는데, 이렇게 새롭게 생긴 상권은 유행에 휩쓸려 빠르게 생겨났던 것처럼 빠르게 죽기도 한다. 대표적으로 경리단길을 예로 들 수 있다. 이태원역 인근 상권의 임대료가 높아지면서 언덕길이고 위치가 안 좋았지만 임대료가 상대적으로 저렴했던 이곳으로 상가가 많이 이전하면서 경리단길이 만들어졌다. 특히 이태원역

해밀턴호텔 뒷편의 북적북적한 거리가 아닌 색다른 곳에 대한 갈증이 있었던 상황에서 경리단길에 유명 가게들이 생겨나고 미디어의 집중을 받자 상권이 빠르게 확장되었다. 하지만 얼마 지나지 않아 비싼 임대료로 인해 작은 가게들이 떠나며 거리가 썰렁해지자 사람들은 흥미를 잃었고 결국 상권은 사라져 버렸다. 이처럼 SNS나 미디어의 영향으로 사람들이 쉽게 찾아오기도 하지만 ○○○길의 색깔을 잃게 되거나 다른 더 멋진 곳이 생겨나면 사람들의 관심은 쉽게 옮겨가게 된다.

젊은 층의 이동이 많은 곳을 주목하라

기본적으로 상권이 활성화되기 위해서는 사람들의 이동이 편해야 한다. 이태원역 바로 앞 상권이나 다른 A급 상권을 보면 대부분 역 근처에 형성되어 있고 언덕길이나 내리막길이 없어 접근하기 좋은 곳이 대부분이다. 그래서 아무리 새롭게 뜨는 상권이라도 이런 기본적인 원칙이 안 맞으면 향후 리스크가 클 수 있다. 기존 상권들이 오랜 기간 동안 안정적으로 유지되어 온 이유가 다 있는 것이다. 물론 새롭게 생긴 상권에 사람들이 관심을 갖는 것은 당연하지만, 그 관심은 생각보다 오래 가지 않는다.

그래서 필자는 개인적으로 새롭게 생겨나는 ○○○길에 투자를 하는 것은 위험하다고 생각한다. 갑자기 주목받는 곳이나 미디어에서 새롭게 각광을 받는 곳보다는 이미 오랫동안 검증되고 계속 이어져

오는 상권에 투자하는 것이 안전하고, 이런 상권 중에서도 환금성이 높은 곳 위주로 투자지역을 정하는 것이 좋다. 환금성이 높은 지역으로는 강남, 서초, 송파 (강남 3구), 홍대, 용산, 이태원, 성수동, 대학가 근처 등 소비력이 좋은 20~30대 젊은 층들이 많이 찾는 누구나 다 알만한 지역을 꼽을 수 있다. 즉, 환금성이 높은 곳은 수요자가 많은 지역으로, 가격이 꾸준히 오르는 지역이다. 하지만 금액이 비싸다는 인식 때문에 투자대상에서 제외하는 경우가 많은데 주요 상권 안쪽에 아직 상권이 발달되지 않은 곳은 투자를 할 만한 건물들이 생각보다 많이 있으니 눈여겨볼 필요가 있다. 같은 지역구 내에서도 동별로, 그리고 동에서도 ○○시장 등 유동인구에 따라 거래량의 차이가 많기 때문에, 매입하기 전에 매매통계자료와 인근 공인중개사 등의 조언을 참고하여 투자지역을 정해야 한다.

매매가 안 되는 곳은 좋은 곳이 아니다. 매매가 많이 되는 곳이 가격이 오르는 곳이다. 항상 기본적으로 '과연 나라면' 이 상권을 이용할 것인지 생각해 봐야 한다.

매물 검토 및 과감한 의사결정

중개사에게 받는 매물보고서에는 주소, 대지면적, 연면적, 매매가, 보증금, 월 임대료, 수익률 등이 적혀 있다.

매물보고서에서 건물에 대한 사항은 대부분 건축물대장을 보고 작성한 것이지만, 보증금, 월 임대료, 수익률, 임차인 현황 등은 매도인의 진술에 의해 작성된다. 이처럼 건물의 내부 상황은 공적 시스템에 의한 객관적인 자료라기보다는 매도자의 주관적인 설명에 의해 작성된 경우가 많기 때문에 오류나 과장이 있을 수 있다. 또 표기 과정에서 가끔 숫자상의 오타가 있는 경우도 있으니 꼼꼼하게 확인을 해야한다. 많이 발생하는 오류 중에는 월 임대료가 과장되거나 부가가치세가 포함된 금액으로 적는 경우가 많으므로 임대료가 정확한지, 부가가치세가 별도인지를 꼭 확인해야 하고, 매물보고서에 있는 임대수익률이 정확하게 계산된 것인지 확인할 필요가 있다. 수익률의 경우는 매물보고서에 의존하지 말고 보고서의 자료를 통해 직접 계산해 보는 것이 좋다.

매물이 나오는 2가지 이유

　　　　　　　매물이 나왔을 때 공적장부를 통해 건물과 관련된 사항을 확인하는 것도 중요하지만, 주관적인 입장에서 매도자가 건물을 매각하는 이유를 생각해 봐야 한다. 입장을 바꿔서 내가 매도자라면 현재 소유하고 있는 꼬마빌딩이 임대수익도 잘 나오고 시세가 오르는 지역의 좋은 조건이라면 매각할 이유가 있는지를 생각해 보는 것이다. 필자가 보는 매물이 나오는 2가지 이유는 크게 다음과 같다.

　첫 번째는 매각해야 할 직접적인 이유가 있기 때문이다. 자금난, 고령, 건강 악화, 갈아타기 위해, 관리가 어려워서, 공유자 간의 불화, 세금 등 지금 당장 팔아야 할 급한 이유가 있는 것이다.

　두 번째는 그냥 내놓은 매물이다. 이 경우가 의외로 생각보다 많다. 인기지역에 빌딩을 소유하고 있으면 하루에도 수차례 부동산에서 연락이 온다. 실제 매수자가 있어서 전화를 할 수도 있지만, 대부분 매수자는 없지만 매수자가 있는 것처럼 매물을 확보하기 위한 전화이다. 이렇게 자주 연락을 받다 보니 '비싸게 주면 팔지'라는 생각으로 내놓는 경우다. 하지만 이런 매물들은 대부분 실제 매입하려고 계약을 진행하면 안 판다고 하는 경우가 많다. 매수자 입장에서는 신중하게 검토하고 어렵게 의사결정을 했는데 갑자기 안 판다고 하면 얼마나 힘이 빠지겠는가?

이처럼 꼬마빌딩을 매입할 때 파는 이유를 알아보는 것은 매우 중요하다. 이때 등기사항전부증명서는 건물주의 현재 상황을 대략적으로 파악할 수 있는 좋은 참고자료가 된다. 예를 들어 최근 건물을 담보로 대출을 받았다거나 압류가 들어와 있는 등 설정된 내용만 봐도 지금 매도인의 자금사정을 알 수 있다. 보통은 매수인들이 계약일에 대출 확인을 위해 등기사항전부증명서를 보는 경우가 대부분인데, 매물을 검토하는 단계에서 서류를 미리 확인하면 의외로 매도자가 건물을 파는 진짜 이유를 사전에 알 수도 있다. 이렇게 파는 이유를 알게 되면 협상에서 유리해질 수도 있고, 시간과 노력을 허비하는 일도 없어진다.

주변 매각 사례 검토

이제 파는 이유를 알았다면 이 매물의 주변 매각 사례와 주변 임대시세를 조사할 필요가 있다. 팔린 사례 몇 건만 봐선 이 건물이 좋은지 나쁜지 파악하기 어렵다. 주변의 임대시세도 함께 조사해 봐야 이 건물이 임대료를 적게 받고 있는지 아니면 비싸게 받고 있는지 파악할 수 있다. 주변 임대시세를 확인할 때는 각 층마다 어떤 업종이 들어와 있고, 층별로 얼마인지도 파악해야 한다. 이때 인근의 업종 변화를 볼 수 있는 방법은 포털사이트에서 지도 메뉴에 들어가 연도마다의 로드뷰를 보면 임대 현수막과 임차업종의 간판을 통해 이 건물과 인근 건물의 업종과 공실률을 파악할 수 있다.

　매물을 검토할 때에는 현재의 모습보다 미래의 모습을 상상해 보는 것이 중요하다. 지금 당장은 좋은 건물이 아닐 수도 있지만 변화된 모습은 어떻게 될지 누구도 모른다. 지금은 낡고 오래되어 수익률이 낮은 건물이지만, 근처의 리모델링과 신축 사례를 통해 내가 리모델링이나 신축을 했을 때 어떤 모습이 되고 투자한 금액 대비 수익률은 이렇게 되겠구나를 머릿속에서 상상해 봐야 한다. 물론 처음부터 머릿속에 상상하기에는 어렵겠지만 리모델링과 신축 사례를 꾸준히 조사하면서 주변의 건축사나 공인중개사 등 전문가에게 조언을 구한다면 미래의 건물 모습을 머릿속에 그려볼 수 있을 것이다.

과감한 의사결정

　　　　　그리고 매물 검토의 마지막은 과감한 결정이다. 투자자들이 빠른 의사결정을 하지 못해 좋은 매물을 놓치는 경우가 꽤 많다. 경험상 50%는 넘는 것 같다. 이렇게 의사결정이 늦어져 한 번 실패하면 기존에 놓친 건물이 눈앞에 아른거려 다른 건물들은 눈에 차지 않아 건물 투자를 포기하는 경우가 많다.

　'100% 장점만 있는 건물은 없다' '오르는 지역이라면 급매는 나오지 않는다' '지금 내가 검토 중인 것이 최고가일 수밖에 없다'는 사실을 기억해야 한다. 지금까지 설명한 기본적인 사항을 검토했고 장점이 단점보다 많다면 과감하게 선택하는 것도 필요하다.

빠른 의사결정을 하지 못해 잡지 못하면 무슨 소용이 있겠는가? 투자를 하려면 과감해져야 한다. 좋은 매물은 생각보다 빨리 매각되기 때문이다.

계약 전후 체크리스트

빌딩 투자는 부동산 중에서도 규모가 큰 자산을 거래하는 것임에도 불구하고 투자자들은 단순하게 평당 대지가격과 수익률에 대해서만 관심을 가지고, 계약하면서 발생하는 실질적인 문제에 대해서는 간과하는 경우가 많다.

또 빌딩을 거래하는 일이 일생 동안 자주 겪을 수 있는 경험이 아니다 보니 대부분 중개사에게 위임하는 경우가 많다. 하지만 빌딩 매매는 금액이 크기 때문에 사소한 것 하나까지도 돈으로 연결되니 꼼꼼하게 검토해야 한다. 여기서는 꼬마빌딩 계약 전과 계약 후에 체크해야 될 사항들에 대해 정리해 보았다.

건물 명의자의 선택은
세금과 직결된다

　　　　　　　매입시 누구의 명의로 할 것인지를 결정해야 한다. 개인 명의로 할지 법인 명의로 할지, 특히 개인으로 매입을 할 때는 누구의 명의로 할 것인지를 결정해야 한다. 간혹 소득증명이 안되는 배우자나 자녀들을 공동명의에 넣었다가 매입 후 국세청으로부터 자금출처에 대해 소명을 하라는 통보를 받기도 한다.

　어렵게 꼬마빌딩에 투자를 했는데 명의를 잘못하는 바람에 세무서의 소명요구에 대응하지 못해 증여세와 각종 가산세·가산금까지 내야 한다면 얼마나 억울하겠는가? 국세청에서는 거래금액이 큰 빌딩 매입의 경우 유독 관심 있게(?) 보기 때문에 매입 전에 미리 자금출처 등에 대해 세무 전문가와 상담을 하는 것이 좋다.

대출 일정과
잔금 기준일을 신경써라

　　　　　　　두 번째는 자금계획이다. 통상적으로 꼬마빌딩을 계약할 때에는 계약에서 잔금까지의 기간을 1~2달 정도로 잡는다. 이처럼 계약하고 잔금까지의 기간이 짧다 보니 중도금 없이 계약금에서 잔금으로 바로 가는 경우가 대부분이다. 그래서 이에 맞게 대출 일정을 조정해야 한다.

보통 은행의 대출 승인이 1~2주 정도 걸린다고 가정하면 승인기간 이후에 맞춰 잔금 스케줄을 잡아야 한다. 참고로 은행에서 대출을 받는 경우에는 계약서를 챙겨 임대사업자등록을 먼저 해야 한다.

잔금일을 정할 때에는 꼭 신경 써야 하는 날짜가 있는데, 바로 '재산세 부과기준일'이 되는 6월 1일이다. 재산세는 매년 6월 1일을 기준으로 그 날짜의 부동산 소유자에게 부과하는데, 4~5월에 계약을 하게 될 경우에는 잔금 납부일을 6월 1일이 지난 날로 잡으면 기존 건물 소유자가 그해의 재산세를 납부하게 된다. 만약 어쩔 수 없이 그 전에 잔금을 지급하게 된다면 매수인이 재산세를 부담하게 되므로 재산세만큼을 매매금액에서 빼달라고 이야기하거나 반반씩 부담하자고 제안할 수 있다.

건물분 부가가치세의 경우
조기환급제도를 이용하라

건물을 매입할 경우 건물분 부가가치세는 간과하기 쉬운 항목이다. 건물의 경우 토지분(면세)은 해당 사항이 없지만 건물분에 대해서는 부가가치세가 발생된다. 예를 들어 총매매가 20억원 중 건물 가격이 2억원이라면 이에 따른 부가가치세 2,000만원을 포함하여 매도인에게 총 20억 2,000만원을 줘야 한다. 물론 부가가치세는 매도인과 매수인이 일반사업자라면 나중에 환급받을 금액이기는 하지만 당장 자금이 넉넉하지 않은 상황에서 추가적으로 자금을 더 확보해야 되기 때문에 매수인으로서는 부담스러운 금액이다.

이럴 때에는 부가가치세법에서 정하고 있는 사업의 포괄양수도라는 제도를 활용하는 것도 좋은 방법이다. 사업의 포괄양수도는 부가가치세 과세대상으로 보지 않기 때문에 부가가치세를 내지 않아도 된다. 단, 사업에 대한 권리와 의무가 포괄적으로 승계되어야 하고, 포괄 양도·양수와 관련된 내용을 매매계약서에 특약사항으로 추가하거나 '포괄 양도양수 계약서'를 매매계약서와 별도로 작성하는 것이 좋다. 이 부분은 전문적인 내용이니 세무 전문가와 상의하는 것을 권한다.

만약 부가가치세를 납부하고 빨리 환급받기를 원한다면 '조기환급제도'를 이용하면 된다. 부가가치세 조기환급 신고를 하면 신고기한 경과 후 15일 이내에 납부한 세금을 환급받을 수 있다.

임대차계약서와
임대차승계확인서를 체크하라

매매계약에 앞서 체크해야 할 것 중 하나는 임대료 미납 여부와 임대차계약서의 확인이다. 매도인의 경우 간혹 계약을 성사시키기 위해 임대료의 미납 사실을 숨기기도 한다. 따라서 매도인에게 직접 요구하거나 중개사를 통해 통장내역을 요구하여 임대료 미납내역을 확인해야 한다.

그리고 임대차계약서를 확인할 때는 계약 관련 특약사항이나 임대료에서 '부가가치세 별도'인지를 확인할 필요가 있다. 간혹 임대료를 부가가치세를 포함해 알려주는 경우가 있는데, 이렇게 되면 예상되는 임대수익이 달라지게 된다. 매도인이 알려줬던 임대차 금액과 실제 임대차계약서상의 내용이 다른 경우도 확인해야 한다.

또 중요한 것은 잔금 전 중개사와 함께 미리 임차인들을 만나 불편사항은 없는지 상담을 하고, 임차인마다 임대인 변경에 동의한다는 '임대차승계확인서'를 받아두어야 한다. 그래야 안전하게 임차인 승계를 받을 수 있다.

취득 관련 비용을
확인하라

취득시 발생하는 대표적인 비용으로는 취득세와

중개수수료, 법무사 수수료 등이 있다.

취득세는 주택 외의 경우(토지, 건물, 상가 등)는 4.6%, 주택의 경우는 보유하고 있는 가구 수에 따라 세율이 다르게 적용되며, 법인이 주택을 매입할 경우 12%의 세율을 적용받는다.

법정 중개수수료는 0.9% 이내에서 협의하면 된다. 간혹 중개수수료를 줄이기 위해 현금영수증이나 세금계산서를 발급하지 않고 현금으로 주고받는 경우가 있는데, 반드시 부가가치세 10%를 포함하여 현금영수증이나 세금계산서를 발급받아야 한다. 이런 법정증빙이 없으면 나중에 양도세를 낼 때 중개수수료를 필요경비로 인정받지 못하기 때문이다.

그리고 매도자에게 매매대금을 송금하는 경우 계좌이체를 하면 통장내역이 남는다고 영수증을 안 받는 경우가 있는데, 계좌이체를 한 경우에도 매도자에게 영수증을 받아 보관하는 것이 좋다.

잔금일 전에 잔금정산서 확인과 주택 관련 서류를 꼭 챙겨라

보통 잔금 납부 일주일 전쯤에 중개사가 잔금정산서를 보내주는데, 잔금정산서는 임대료·관리비·공과금 등을 잔금일 기준으로 정산하는 것이다. 이때 임차인이 많고 임대료의 납부일이 통일되지 않은 경우에는 생각보다 정리가 복잡하기 때문에 간혹 실수를 하기도 한다. 특히 임대료의 경우는 하루이틀

치의 차이도 금액이 크기 때문에 미리 날짜 계산을 제대로 해두는 것이 좋다. 참고로 잔금일의 임대료는 매수인 몫이다. 예를 들어 잔금일이 1월 1일이라면 12월 31일의 임대료는 매도인의 몫이고, 1월 1일 잔금일의 임대료는 매수인의 몫이다.

잔금정산서까지 확인했다면 시건장치, 도면, 외주관리계약서 등 부수적인 서류를 받아야 한다. 이런 서류가 크게 중요하지 않다고 생각해 잊고 안 챙기는 경우가 있는데, 나중에 반드시 필요하기 때문에 건물과 관련된 서류들은 모두 다 받아 놓아야 한다. 만약 사전에 챙기지 못하고 잔금일 이후, 즉 소유권이 넘어간 다음에 서류들을 요청하면 매도인이 비협조적이거나 폐기했을 수도 있기 때문에 이러한 서류들은 잔금 정산일 전 또는 잔금일에 꼭 받아 놓아야 한다.

잔금을 납부한 다음에는 임차인들을 다시 만나 기존 계약서와 동일하게 임대인 명의만 변경하여 임대차계약서를 새로 작성한다. 이때 임차인들은 건물주가 바뀌는 것에 민감하기 때문에 명의만 변경되는 것이고 다른 사항들은 기존 계약과 동일하다는 것을 인지시켜 줘야 한다.

매입 후 건물 운영

　임대수익은 당연히 100% 수익으로 직결되지는 않는다. 관리비용을 감안해야 하기 때문이다. 관리비용은 매월 발생하는 비용과 1년에 몇 번만 발생하는 비용으로 나눌 수 있다. 매월 발생하는 비용에는 공용공간의 청소비용, 전기요금, 엘리베이터 점검비용 등이 있다. 그리고 1년에 한 번 발생하는 비용에는 건물 화재보험, 정화조 청소비용, 기계식 주차장 점검비용 등이 있다.

건물 관리

　건물 공용공간의 청소는 건물주 몫이다. 꼬마빌딩의 경

우는 각 층의 임차인이 자체적으로 관리를 하는 경우도 있지만, 대부분은 청소 용역업체나 청소하시는 아주머니에게 맡기고 있다.

꼬마빌딩의 경우 빌딩 관리를 직접 할지, 아니면 관리인을 채용해서 할지도 생각해 봐야 한다. 보통 기계식 주차장이 없는 연면적 200평 미만의 꼬마빌딩 정도는 따로 상주 관리인을 두지 않고 관리한다. 다만 이 경우 건물주의 거주지와 가깝다면 문제가 발생했을 때 빠르게 대처할 수 있지만, 거리가 멀다면 쉽게 대처하기 어렵다. 그래서 청소하시는 분이나 임차인에게 약간의 사례비를 주면서 문제가 있을 때 연락해 달라고 부탁할 수 있다. 건물의 관리를 직접 하기 어렵고, 상주 관리인을 쓰기에도 부담이 된다면 전문 관리업체에 비용을 지급하고 맡기는 방법도 있다. 관리업체에서는 임차인 관리, 간단한 시설관리, 재무관리 등 건물주가 하는 일을 대신해 준다. 물론 이때 외주를 줘야 하는 청소비용, 엘리베이터 점검비용 등은 포함되지 않는다.

만약 기존에 상주하는 관리인이 있어 고용을 승계하는 경우에는 승계받기 전에 반드시 퇴직금 정산을 해야 한다. 매수인이 아무 생각없이 그냥 승계를 받았다가는 매도인 때부터 일했던 퇴직금 전체를 지급해야 할 수도 있다.

건물에 엘리베이터가 있는 경우 월 10~20만원 정도의 관리비용이 발생하고, 건물 전체가 75kw(저압) 이상일 경우에는 전기안전관리자를 선임해야 하는데, 이때도 매월 약 10만원 정도의 인건비가 발생한다. 그리고 건물 연면적이 600㎡ 이상인 경우에는 방화관리자를 선임해야 하는데, 방화관리자는 건물 하나당 한 명만 지정이 가능하기 때문에 건물주가 일주일 정도의 교육을 받고 자격증을 취득하는 경우가 많다.

임차인 관리

건물 관리에서 가장 힘든 부분은 뭐니 뭐니 해도 임차인을 상대하는 것이다. 대부분의 건물 관리는 비용을 지불하면 가능하지만, 임차인을 상대하는 건 감정을 섞기 때문에 어려운 부분이다. 임차인도 임대인을 잘 만나야 하겠지만, 임대인도 임차인을 잘못 만나면 엄청난 감정노동에 시달리기도 한다.

필자는 임차인 관리가 어려워 건물을 매각하는 경우도 자주 봤다. 특히 임차인이 많은 경우에는 더더욱 관리가 어렵다. 그래서 원룸 건물처럼 방을 쪼개 여러 임차인을 들인 경우 임대수익은 높을 수 있지만, 관리에 대한 어려움은 그만큼 가중된다. 여름 장마철에 물이라도 새는 날이면 하루에도 수십 차례 전화가 오고, 심지어 전구 하나까지도 건물주에게 교체해 달라고 요구하기도 한다. 그래서 원룸 건물은 관리가 어렵다 보니 매각하기도 어렵다.

건물주가 위층에 거주하고 나머지 층은 임대를 주는 상가주택의 경우는 관리가 더 어려워진다. 건물주가 같은 건물에 함께 살다 보니 이것저것 문제가 생길 때마다 찾아와 문제제기를 하기도 하고, 임차인의 영업장을 매일 보다 보니 불경기에는 임대료를 올리는 것도 쉽지 않다. 그래서 차라리 다른 곳에 전세를 살더라도 투자 목적인 건물에서는 거주하면 안 된다. 물론 그렇다고 민원을 들어주지 말라는 게 아니라 임대인과 임차인 간에 어느 정도 선은 지키면서 지내야 한다는 것이다.

그리고 상가임대차보호법의 개정으로 정당한 사유가 없는 이상 임차인은 10년간 임대차갱신요구권이 있기 때문에 처음 임대차계약을 맺을 때 신중을 기해야 한다. 특히 건물의 1층의 경우는 법 개정 전에 계약을 하여 갱신요구권이 없는 경우에도 권리금을 인정해 줘야 된다는 대법원 판례가 있기 때문에 더욱 신중하게 받아야 한다.

임차인들이 임대료를 미납하는 경우에는 내용증명을 보내거나 명도소송을 진행하게 되면 오랜 시간이 소요된다. 이 경우 사전에 제소전화해조서를 작성해 두면 임대료가 미납되거나 문제가 발생했을 때 시간과 비용을 줄일 수 있다. 참고로 제소전화해조서는 개인 간에 분쟁이 발생한 경우 소송으로 이어지는 것을 방지하기 위해 소송 전에 쌍방이 서로 화해하는 것이다. 판결문과 동일한 효력이 있으므로 임차인이 임대료를 미납할 경우 소송 없이 명도를 할 수 있다.

임차인들의 계약기간이 만료된 경우 따로 계약서를 작성하지 않고

동일한 조건으로 연장하는 것으로 인정하는 것을 '묵시적 갱신'이라고 한다. 이 경우 임대인은 남은 기간 동안 해지를 하지 못하는데 반해, 상가임대차보호법에 적용되는 임차인은 묵시적 갱신이 되었을 때 언제든 해지 통보를 할 수 있고 3개월 뒤에 효력이 발생한다. 임대인 입장에서는 임차인이 계속 영업을 할 줄 알고 묵시적 갱신에 동의했는데, 임차인이 갑자기 해지 통보를 하고 나가 버리면 갑자기 임차인을 구하기도 어려운 상황이 생길 수 있다. 그래서 계약 만기가 된 경우에는 상가임대차보호법에 적용되는 임차인의 경우 계약서를 다시 작성하는 것이 안전하다.

관리비 절감과 임차인 관리 노하우

빌딩의 진정한 가치는 매입 후부터 발생한다. 어떻게 운영하고 관리하느냐에 따라 50점짜리 빌딩이 100점짜리 빌딩으로 변할 수 있기 때문이다.

매입 전에는 단순하게 임대료만 받으면 될 줄 알았는데, 막상 매입 후에는 관리해야 할 것들도 많아지고 비용도 많이 발생한다. 따라서 임대료와 관리비가 전체 수입이라고만 생각하지 말고, 예상되는 고정지출을 체크해 보고 세금까지 감안하여 정확한 수익률을 계산해 봐야 한다.

건물의 내부청소는 용역업체에 의뢰를 하게 되면 가격이 좀 부담스러울 수 있으니 인근에서 여러 건물을 청소하시는 어르신을 찾아 그분에게 부탁하면 비교적 저렴하게 할 수 있다.

월간 고정적 관리비용 내역	
청소 용역비(일주일 중 2~3일 근무)	20~50만원
전기 안전관리(75kw 이상)	10만원대
승강기 유지관리(승강기가 있을 경우)	10~20만원대
공과금(전기, 수도, 가스)	사용량에 따라 다름
보안(세콤 등)	10만원 미만
세무기장 수수료(선택사항)	10만원대
건물 관리비용(선택사항)	100만원대
방화 관리업체	10만원대
방역(2개월에 한 번)	6만원
연간 고정적 관리비용 내역	
정화조 청소비용	20~30만원대
물탱크 청소비용	50만원대
승강기 정비요금	10만원대
외벽 청소	100만원대
건물 화재보험	30만원 내외
기계식 주차점검(기계식 주차가 있을 경우)	30만원
기타비용(관리 소모품, 수선비용)	상황에 따라 다름

전기와 승강기는 전문업체에 의뢰하고, 일정 규모 이상이면 소방 안전관리자를 선임해야 한다.

빌딩 관리의 포인트

건물주가 되면 임차인이 임대료를 밀리거나 건물에 누수가 생기는 등 소소한 일들을 처리하는 과정 속에서 정신적·육체적 노동이 상당하다. 이런 일이 반복되다 보면 지칠 대로 지쳐 건물을 매각하거나 빌딩 관리업체에 관리를 맡기게 된다. 하지만 빌딩 관리업체에 의뢰를 하게 되면 관리비용만 한 달에 약 100만원 정도인데, 월 임대료수입에서 이러한 관리비용까지 지출되면 임대수익이 줄어들 수밖에 없다. 꼬마빌딩의 경우는 임차인 관리를 제외하고는 크게 신경 쓸 것이 없기 때문에 건물주가 직접 관리를 통해 월 지출비용을 최소한으로 줄이는 것이 좋다. 다만 이 경우에도 다음의 몇 가지 것들은 꼭 권장하는 관리방법이니 참고하기 바란다.

우선 최소한 1~2년에 한 번 정도 '외벽 청소'를 해야 한다. 거리를 다니다 보면 외벽이 미관상으로 더러운 건물들을 많이 볼 수 있다. 임대인들이 대부분 외벽 청소에 관심이 없고 비용이 아까워 내버려 두기 때문이다. 그러나 필자는 외벽 청소를 꼭 권한다. 외벽 청소는 1~2년에 한 번 정도만 하면 되는 것이어서 많은 비용이 들지 않을 뿐더러 외관과 내부가 깨끗해야 공실률도 낮아지고 건물의 가치도 올라간다. 당신이라면 지저분한 건물에 임대를 들어오고 싶고, 또 매입을 하고 싶겠는가? 고객을 모시고 간 중개사 입장에서도 건물이 더러우면 민망하다. 건물 운영은 하나의 사업체를 운영하는 것과 같다. 어떻게 하면 건물에 임차인들이 잘 들어오고, 그들이 입주한 동안 만족해 할지 고민해야 한다.

또 하나는 'CCTV'의 설치이다. 건물을 관리하다 보면 예상치 못한 문제들이 자주 발생한다. 필자가 중개한 한 건물은 임차인이 피우다 버린 담배꽁초 때문에 옥상에 화재가 났다. 하지만 CCTV가 없어 누가 불을 냈는지 찾을 수 없었기 때문에 2,000만원의 수리비용을 고스란히 건물주가 내야 했다. 이처럼 문제가 발생했을 때 책임소재를 분명히 밝히기 위해 CCTV는 반드시 설치하기를 권한다. 주차장, 옥상, 입구 등에 설치하는 비용은 50~100만원 정도로 그리 많이 들지 않는다. 최근에는 스마트폰 어플을 이용해 실시간으로 건물 상황을 볼 수 있기 때문에 비용 대비 효율도 높아졌다.

그리고 비가 와서 건물에 누수가 발생한 경우에는 인근에 있는 최소 두 군데 이상의 누수설비업체에서 견적을 받아봐야 한다. 건물주가 수리비용에 대해 잘 모른다는 생각이 들면 바가지(?)를 씌우는 경우가 종종 있기 때문이다. 따라서 문제가 생겼을 때 물어보거나 믿고 의뢰할 수 있는 업체를 한두 곳 정도는 알아두면 좋다.

임차인 관리의 포인트

건물을 관리하는데 있어서 가장 힘든 것이 임차인 관리이다. 따라서 임차인이 잘되면 건물주도 잘된다는 생각으로 서로 상생하는 것이 좋다.

건물을 매입하고 나서 보통 1~2개월은 공과금 명의 변경, 임대인 변경에 따른 임대차계약 등 인수인계를 받느라 정신이 없다. 이 경우 매도인이 인수인계를 할 때 그분이 해왔던 내용을 잘 정리해 두었다가 가능하면 전과 동일한 조건으로 진행하는 것이 좋다.

건물주가 바뀐다고 새롭게 임내료를 올리거나 주차 대수의 변경, 공과금 정산방식 등을 바꾸면 임차인들에게 불만을 살 수 있다. 조건 변경은 임대차 계약기간의 만기가 도래할 때 미리 고지하여 협의하는 것이 좋다. 참고로 임차인 관리에 대한 팁을 하나 소개하면, 주차가 어려운 건물일 경우 건물의 주차문제는 임차인들이 매우 민감하게 반응할 수 있기 때문에 건물주가 미리 교통정리를 해줘야 한다. 건물에 주차는 몇 대가 가능한지, 어느 구역에 어떤 임차인이 주차할지 등을 임대인이 정리해 줄 필요가 있다.

또한 임차인이 무리한 요구를 할 때는 거절할 수도 있어야 한다. 무리한 요구를 하나둘씩 들어주다 보면 나중에는 더 무리한 요구를 하기 때문이다. 그리고 임차인과의 관계는 어느 정도의 선을 유지해야 한다. 사이가 너무 좋아지면 임대료가 연체될 때 받기 힘들어지거나 나중에 임대료 협상이 힘들어지는 등 불리한 상황이 발생할 수 있다.

임대료가 2회 이상 밀렸을 때는 구두로만 말하지 말고 '내용증명'으로 보내는 것이 좋다. 아무래도 말보다는 서류로 받았을 때 임차인이 받아들이는 느낌이 다르기 때문이다.

그리고 주택 임차인을 제외한 임차인(상가, 사무실 등)에게는 임대료를 받을 때 세금계산서를 발급하고 별도로 부가가치세를 받아야 한다. 그런데 이러한 세금계산서 발행 업무는 여간 번거로운 일이 아니다. 그래서 비용을 좀 더 주더라도 세무 전문가에게 세무기장을 맡기면서 임대료에 따른 세금계산서 발급도 같이 처리해 달라고 부탁하는 것도 방법이다.

건물 관리는 주변에서 전문가의 조언을 구하며 문제를 처리하다 보면 어느 정도 요령이 생겨 스스로 관리할 수 있다. 하지만 어떻게 관리를 하느냐에 따라 건물의 가치가 크게 달라지기 때문에 건물의 운영과 관리는 항상 꼼꼼하게 신경을 써야 한다. 장기간 공실이 된 건물은 여러 가지 이유가 있겠지만, 가장 큰 이유는 건물 관리가 잘 안 되어 있기 때문인 경우가 많다.

임차인 유치 방법

대부분의 건물주들이 임차인을 유치하는 데 애를 많이 먹는다. 단순하게 공실이 생기면 주변 중개사무소에 알리기만 하면 되는 줄 알고 있는데, 임차인을 유치하는 데 있어서도 다른 건물보다 경쟁력 있는 유치전략을 세워야 좋은 임차인을 받을 수 있고, 공실률을 줄일 수 있다. 아무리 멋진 건물이라도 공실이 많거나 비선호 업종의 임차인이 있으면 그 건물의 가치는 낮아 보일 수밖에 없으며, 또 어떤 임차인이 입점되어 있는가에 따라 매매가격이 달라질 수 있다. 그래서 임차인 유치는 빌딩 투자를 하는 데 있어 매우 중요하다.

임차인을 유치할 때 신경 써야 할 것은 어떤 업종의 임차인을 유치할 것인지와 임대료 수준은 얼마로 할 것인지이다. 중개사무소를 통해 알아볼 수도 있고, 주변 건물에 들어와 있는 임차인들 그리고 공실이 있다면 임대가 얼마에 나와 있는지 등을 살펴보면 대략적으로 임차인들과 임대시세를 파악할 수 있다. 이때 임대를 내놓는 임대료는 생각했던 것보다 조금 높게 하는 것이 좋다. 임차인들은 대부분 임대료 조정을 원하기 때문에 최저 마지노선보다는 조금 높은 금액으로 임대를 내놓고 조정하는 것이 좋다.

중개수수료를
제대로 줘라

임대료 산정이 되었다면 우선 주변 중개사무소에 임대를 알리고, 임대료에 맞는 중개수수료를 책정해야 한다. 이때 공인중개사를 잘 포섭(?)하는 것이 중요한 포인트이다. 중개사는 중개수수료를 받고 일을 하는 사람이다. 즉, 임대차 중개수수료가 잘 나오는 건물을 고객들에게 더 소개할 수밖에 없기 때문에 이런 점을 잘 활용해 한 명의 고객이라도 더 데리고 올 수 있도록 해야 한다. 중개수수료를 제대로 주지 않는 건물은 중개사들 사이에서도 금방 소문이 돌아 임대 진행이 잘 안 되기도 한다. 그래서 중개수수료를 법정한도에 맞춰 최대로 채워 준다고 제안하면서 가급적 좋은 업종의 임차인들을 연결해 달라고 하는 것이 현명한 방법이다.

임대 플랫폼 사이트를
잘 활용하라

또 다른 방법은 중개수수료를 셰어하는 홈
페이지에 공실을 소개하는 것이다. 보통 네이버나 다른 중개 사이트
의 경우 임대 매물을 공동중개하고 임대인과 임차인에게서 각각 수
수료를 받지만, 강남지역에서 많이 이용되는 '공실클럽'의 경우 사
이트에 매물을 올리면 공동중개라도 임대인에게서 받는 수수료의
0.3%를 임차를 맞춘 임차인 중개사에게 셰어해 준다. 그래서 임차
인을 확보하고 있는 중개사들은 공실클럽 사이트에 있는 임대 매물
들을 적극 브리핑하게 된다.

프랜차이즈에 직접
입점 제안을 하라

내 건물에 유치하고 싶은 업체들에게 직접 임
대제안서를 만들어 제안하는 것도 좋은 방법이다. 예를 들어 편의점
을 입점시키고 싶다면 편의점 점포개발팀 담당자에게 임대제안서를
메일로 보내는 것이다. 물론 거부당할 수도 있겠지만 계속 두들기
다 보면 기회가 오는 경우를 많이 봤다. 마치 계속 시그널을 줘야 연
애를 하는 것처럼 계속 내 건물을 홍보하여 많은 사람들에게 알려야
한다.

이때 관심 있어 하는 업체가 임대료 조정을 원하는 경우 임대료를 조정하는 방법도 있겠지만, 임대료는 유지하되 일정 기간 동안 임대료를 받지 않는 렌트프리 기간을 줘서 건물 임대수익률을 유지할 필요가 있다. 임대료는 건물 가격과 직결되기 때문에, 가능하면 임대료 수준은 유지하는 것이 좋다.

정리해 보면 임차인을 유치하기 위해선 주변 공인중개사들에게 적정 중개수수료를 책정해 좋은 관계를 유지하고, 중개수수료를 셰어하는 사이트나 임대 플랫폼 사이트에 등록해 적극적으로 홍보해 공실을 줄여야 한다. 또 임대제안서를 만들어 건물의 임대정보를 많은 업체들에게 적극적으로 알리고 홍보해야 한다. 그리고 임대료 협상 단계에서는 서로 원원할 수 있게 렌트프리 등 가능한 선에서 최대한 임차인의 편의를 봐줘서 좋은 임차인을 빠르게 유치하는 것이 좋다.

매각계획

꼬마빌딩 투자의 핵심은 매각이다. 꼬마빌딩을 매각할 때 중점적으로 고려해야 할 부분은 언제 매각하는 것이 좋을지와 어떤 상태로 누구에게 매각할 것인지이다.

언제 매각하는 것이 가장 좋은가?

꼬마빌딩을 매각할 때는 피치 못할 사정이 생겨 어쩔 수 없이 파는 경우를 제외하고는 다음 두 가지 경우를 고려해야 한다.

우선 세금을 최대한 줄여서 파는 것이다. 개인 명의 건물의 경우 3년 이상 보유하여 장기보유특별공제 등 세무적으로 이득을 볼 수 있는 시기를 지나서 파는 것이 좋다. 예를 들어 보유한 지 3년이 지나 장기보유특별공제를 받을 수 있는 시점을 잔금일로 지정하는 등 세무적으로 혜택을 볼 수 있는 시점에 매각하는 것이다. 또 같은 해에 시세차익을 많이 보는 부동산을 2건 이상 매각하는 경우에는 합산해서 과세되어 세금 부담이 커지기 때문에 한 건의 매각을 다음 해로 넘기는 게 좋고, 반대로 같은 해에 매각하는 부동산 중 손해를 보는 부동산이 있는 경우 차익이 많은 부동산과 함께 매각을 하면 수익과 손실이 합쳐지기 때문에 세무적으로 유리하다.

그리고 세무적인 측면도 중요하지만 무엇보다 빌딩 경기가 좋고, 또 그 지역의 경기가 호황일 때 매각하는 것이 좋다. 호황기 여부를 알 수 있는 방법은 언론에 꼬마빌딩과 관련된 기사가 많이 오르내릴 때이기도 하지만, 매각 여부를 묻는 부동산의 연락이 많이 올 때이기도 하다. 물론 언론이나 이곳저곳에 소문이 날 경우 매물 확보를 위해 매각 의사를 확인 차 전화를 하는 것이기도 하겠지만, 어쨌든 부동산에서 연락이 많이 오는 시기에 매각을 해야 좋은 가격을 받을 수 있다.

그렇다면 이렇게 연락이 많이 오고 꾸준히 가격이 오르는 곳이라면 언제 매각하는 것이 좋을까? 정답은 매각을 최대한 늦추는 것이다. 강남이나 주요 지역의 건물주들이 부자가 된 이유는 남들이 팔 때 팔지 않고 버텼기 때문이다. 주식에 투자할 때도 우량주는 팔지 않고 오래 가지고 가는 것처럼, 부동산도 하루에 몇 통씩 오는 유혹

(?)을 잘 견디고 매각을 최대한 늦춰야 한다. 급한 사정이 생기지 않는 이상 부동산 문의가 많이 오는 곳, 즉 가격이 오르는 곳의 부동산은 최대한 보유하고 있는 것이 정답이다.

어떤 상태로 누구에게 매각할 것인가?

그렇다면 어떻게 팔아야 이왕이면 좋은 값을 받고 잘 팔 수 있을까?

우선 건물 내외관이 깔끔하고 임차인 구성도 좋고 임대수익이 잘 나오는 건물은 주변의 노후된 건물보다 비싸게 매각이 가능하고, 매각하기도 상대적으로 쉽다. 그런데 만약 이러한 건물이 아니라면 '보기 좋은 떡이 먹기도 좋다'는 말이 있듯이 매각을 하기 전에 투자자들이 좋아할 만한 최적의 상태를 만들어야 가격도 제대로 받을 수 있고 매각도 수월해진다.

보통 건물이 노후되거나 임대료가 미납되는 등 관리가 힘들어 매각을 하는 경우에는 임차인 명도나 리모델링을 해야 하는 약점이 있기 때문에 제대로 된 가격을 받기도 어렵고 매각도 쉽지 않다. 일단 임대료가 미납되어 있다면 이곳은 장사가 잘 안 되는 곳이라고 색안경을 끼고 볼 수밖에 없고, 연체된 임차인이 있는 경우 명도소송에 대한 부담감도 크기 때문에 이를 먼저 해결하고 매각을 하는 것이 좋다. 빌딩을 매매할 때는 작은 문제도 확대해석을 해 매물 검토를 포기하거나 무리하게 금액을 깎아 달라고 요구하기도 한다. 그래서 이런 약점이 있는 건물은 매도자가 매각 전에 임차인들을 명도하는 것이 그나마 더 좋은 조건으로 매각할 수 있는 방법이다.

특히 매수자들 중에는 본인이 일부 층을 사용하거나 전 층을 자기가 원하는 스타일로 리모델링하거나 신축을 하려는 매수자들도 있기 때문에 매물로 내놓기 전에 명도를 마치거나 임차인을 받지 않는 등 매수자들이 부담을 갖지 않게 만들어 놓는 것이 중요하다.

건물은 언제, 어떤 상태로 매각하느냐에 따라 차익이 몇천만 원에서 몇억 원까지 발생하기도 한다. 그래서 단기적으로 시세차익을 목적으로 투자를 한다면 매각계획을 더욱 구체적으로 세워야 한다.

빌딩 세금 총정리

부동산 관련 세금은 크게 취득, 보유, 양도할 때 발생한다. 구체적으로 살펴보면 취득할 때는 취득세, 보유할 때는 재산세와 종합소득세(법인세), 양도할 때는 양도소득세(법인세)가 발생한다.

취득시 세금

부동산을 취득할 때에는 취득세가 발생하는데, 상가나 토지 등은 4.6%이고, 상가주택의 경우는 상가 부분과 주택 부분으로 구분하여 각각의 비율대로 과세를 한다. 1주택자가 상가주택을 매입하면 1가구 2주택이 되어 취득세가 중과된다.

그리고 법인이 상가를 매입하는 경우 개인과 동일하게 4.6%의 취득세가 적용되지만, 본점 소재지가 수도권 과밀억제권역 내에 있고 설립된 지 5년 이하의 시점에 과밀억제권역 내의 부동산(상가)을 매입할 경우 취득세가 중과되어 9.4%의 세율이 적용된다. 그리고 주택을 매입하는 경우에는 12%의 세율이 적용되고, 상가주택을 매입할 경우에는 주택비율에 대해 12%가 적용되는 등 법인의 주택 매입시 세금부담이 커졌다.

보유시 세금

부동산을 보유할 때에는 매년 재산세가 부과되고, 임대수익이 있는 경우 임대소득에 대한 종합소득세를 납부하게 된다. 종합소득세의 경우 임대소득에서 각종 비용을 공제한 금액에 대

 종합소득세율

과세표준	세율	속산표
1,200만원 이하	6%	과세표준×6%
1,200~4,600만원	15%	(과세표준×15%) − 108만원
4,600~8,800만원	24%	(과세표준×24%) − 522만원
8,800만원~1억 5,000만원	35%	(과세표준×35%) − 1,490만원
1억 5,000만원~3억원	38%	(과세표준×38%) − 1,940만원
3억원~5억원	40%	(과세표준×40%) − 2,540만원
5억원~10억원	42%	(과세표준×42%) − 3,540만원
10억원 초과	45%	(과세표준×45%) − 6,540만원

해 세금을 납부하는데, 꼬마빌딩의 경우 보통 대출이자와 기타 경비를 공제하면 6~24% 정도의 세율이 적용된다. 법인의 경우도 꼬마빌딩 정도의 규모는 이자비용과 기타 경비를 공제하면 임대소득금액이 2억원을 초과하는 경우가 거의 없기 때문에 10%의 세율을 적용받는다.

재산세의 경우는 전 층 근린생활시설로 되어 있는 경우라면 세금이 많지 않지만, 주택이 포함된 경우에는 최근 주택에 대한 규제가 심해져 세금 부담이 커질 수 있다. 그리고 종합부동산세의 경우 빌딩도 납부하는 것으로 알고 있는 투자자들이 많은데, 매입한 빌딩의 토지 공시가액 합계액이 80억원을 초과하는 경우에만 종합부동산세를 납부한다. 즉, 대부분의 꼬마빌딩은 종합부동산세는 해당이 없고, 재산세만 납부한다고 보면 된다.

재산세의 경우 부동산의 종류에 따라 납기일이 다른데, 건축물은 7월 16~31일까지, 토지는 9월 16~30일까지이며, 주택에 대한 재산세는 7월 16~31일까지 1/2을 내고 나머지는 9월 16~30일까지 내야 한다.

양도시 세금

　　부동산을 양도할 때의 세율은 두 가지만 알면 된다. 우리가 꼬마빌딩에 투자한다고 하면 대부분 5~10억원 정도의 시세차익을 예상하는데, 개인의 경우 5억원 초과는 42%(지방소득세 포함 46.2%), 10억원 초과는 45%(지방소득세 포함 49.5%)라고 보면 된다. 그리고 법인이 건물을 양도할 때에는 매매차익이 2억원 이하는 10%(지방소득세 포함 11%), 2억원 초과는 20%(지방소득세 포함 22%)의 법인세를 납부해야 한다.

　　상가주택에서 주택비율이 상가비율보다 큰 경우는 전체를 주택으로 봐서 1세대 1주택에 대한 양도소득세 비과세 특례를 받을 수 있는데, 세법 개정으로 2022년부터는 주택과 상가를 각각 따로 적용해 각각의 세율이 적용된다. 따라서 현재 주택비율이 높고 매각계획이 있는 1세대 상가주택 건물주라면 2021년 말까지 매각하는 것이 유리하다.

　　양도소득세는 양도일이 속하는 달의 말일부터 2개월 내에 신고·납부를 해야 한다. 양도소득세는 다음과 같은 계산절차를 통해 과세표준을 계산한 후 세율을 곱해 납부세액을 계산한다.

1단계	……	양도가액	−	취득가액 필요경비①	=	양도차익
2단계	……	양도차익	−	장기보유 특별공제	=	양도소득금액
3단계	……	양도소득금액	−	양도소득 기본공제 (250만원)	=	양도소득 과세표준

① 필요경비 인정 가능내역

1. 취득시 부대비용	취득세, 중개수수료 등
2. 취득 후 발생되는 비용	용도변경, 개량, 이용편의
	새시 설치비용, 발코니 난방시설 교체비용 등
	소유권 확보를 위한 소송비용 등
3. 양도비용	양도자가 부담한 명도비용
	양도를 위한 계약서 작성비용, 공증비용, 인지대, 소개비 등

② 양도소득세의 세율(2021년 1월 1일 이후 양도시)

보유기간	과세표준	세율	속산표
2년 이상	1,200만원 이하	6%	과세표준×6%
	1,200~4,600만원	15%	(과세표준×15%) − 108만원
	4,600~8,800만원	24%	(과세표준×24%) − 522만원
	8,800만원~1억 5,000만원	35%	(과세표준×35%) − 1,490만원
	1억 5,000만원~3억원	38%	(과세표준×38%) − 1,940만원
	3억원~5억원	40%	(과세표준×40%) − 2,540만원
	5억원~10억원	42%	(과세표준×42%) − 3,540만원
	10억원 초과	45%	(과세표준×45%) − 6,540만원
1~2년 미만		40%	
1년 미만		50%	

양도소득세 절세방안

빌딩을 매입하는 목적 중 하나가 시세차익을 얻고자 함인데, 시세차익이 생기는 경우 매매에 따른 양도소득세가 발생한다. 이때 몇 가지 사항을 잘 파악하면 양도소득세를 줄일 수 있다.

첫 번째 절세방안은 필요경비로 인정되는 '비용(자본적지출)'에 대한 증빙들을 꼼꼼하게 챙기는 것이다. 이때 신용카드·현금영수증·세금계산서 등 적격증빙을 받거나 실제 지출사실이 증명되어야 필요경비로 인정되니 꼭 적격증빙을 받아야 한다. 간혹 세금계산서를 발급하지 않고 현금으로 주면 부가가치세 10%를 할인해 주겠다는 경우가 있는데, 이 말에 속으면 안 된다. 차라리 10% 부가가치세를 주고 나중에 필요경비로 인정받는 것이 더 이득이기 때문이다. 의외로 많은 건물주들이 경비를 지출할 때 적격증빙을 받아두지 않아 나중에 필요경비로 인정받지 못하는 경우가 많다.

두 번째 절세방안은 공동명의로 취득하는 것이다. 공동명의로 된 부동산의 경우 보유에 있어서 발생하는 임대소득에 대한 소득세와 매각하면서 발생하는 양도차익에 대한 양도소득세를 공동명의인별로 각각 계산하기 때문에 누진세율 구조인 종합소득세와 양도소득세를 모두 절세할 수 있다.

예를 들어 꼬마빌딩에서 연 1억 2,000만원의 임대소득이 발생한다면 단독으로 소유했을 경우(필요경비 없다고 가정) 세율 35%를 적용하여 소득세가 29,810,000원(지방소득세 포함)이다. 반면에 50%씩 부부가 공동명의로 매입한 경우에는 각각 연 6,000만원의 임대소득이 발생하여 세율 24%를 적용받아 부부의 총 납부세액은 20,196,000원(지방소득세 포함)으로 줄어들기 때문에 단독명의로 매입했을 때보다 9,614,000원을 절세할 수 있다(단, 소득 증가에 따른 국민연금 등 사회보험료의 증가는 고려해야 한다).

양도소득세의 경우도 동일하다. 1억 2,000만원의 양도차익이 발생한다고 가정했을 때 단독으로 소유했을 경우(장기보유특별공제 없다고 가정) 양도소득세는 28,847,500원(지방소득세 포함)이다. 반면 부부가 50%씩 공동소유했을 경우 부부가 내야 하는 양도소득세는 총 18,876,000원(지방소득세 포함)으로 9,971,500원이 절세된다.

이때 공동명의로 취득시에는 부동산 매입자금에 대한 자금출처를 명확히 해야 한다. 참고로 부부간에는 6억원까지 세금 부담 없이 증여가 가능하며, 이때 꼭 증여세 신고를 해야 한다.

그리고 공동명의로 취득시 대출이자는 소득세 계산시 필요경비로 처리가 안 될 수 있는데, 매입 전에 미리 준비를 해두면 비용으로 인정받을 수 있다. 즉, 취득시 대출금이 출자금이 아닌 임대업을 위한 차입이라는 것을 밝힐 수 있느냐가 중요한데 출자금과의 구분을 위해서는 부동산 매매계약서를 작성하기 전에 공동경영, 지분율, 각자의 출자금을 명시한 '동업계약서'를 작성해야 한다. 여기에 대출금 이자는 공동명의 건물의 임대수입에서 충당한다는 것, 계약금 또는 계약금과 중도금은 각자의 출자금으로 충당한다는 것, 그리고 대출금을 제외한 나머지 취득자금인 임대보증금 등의 내용을 기재하고, 이러한 내용들을 담은 동업계약서를 매매계약서 작성일에 함께 작성해 두어야 한다.

이처럼 부동산과 관련된 세금에 대해 대략적인 체계를 정립하고, 법 적용 등 복잡한 내용은 전문가와 상담한다면 보다 폭넓은 절세혜택을 누릴 수 있을 것이다.

대로변에 위치한 2층 건물 리모델링

50년 이상 된 노후 건물이었지만, 리모델링을 하고 완전 다른 건물로 탈바꿈된 사례이다.

이 건물은 대로변에 위치하고 있었지만, 2층짜리 낮은 건물이어서 대로에서도 눈에 잘 띄지 않았다. 그래서 리모델링을 할 때 스터코플렉스, 투명로이 복층유리로 마감을 하고, 중간에 독특하게 아치형 창을 넣어 눈에 잘 띄게 만들었다.

특히 공용부분 계단과 옥상 부분을 신경 써서 쾌적하게 만들어 놓으니 얼마 되지 않아 임대가 모두 완료되었다.

대지면적	약 200㎡ (60평)	건축규모	지하 1층~지상 2층
용도	제2종 근린생활시설 (일반음식점, 소매점)	건축구조	철근콘크리트구조
건축면적	약 120㎡ (36평)	연면적	약 310㎡ (100평)
건폐율	약 60%	용적률	약 130%
주차대수	0대	외부마감	스터코플렉스 투명로이 복층유리 마감

리모델링 전 대로변 코너 건물

리모델링 후 건물 전면

리모델링 후 건물 우측면

리모델링 후 건물 좌측면

리모델링 후 건물 내부 복도

5장

빌딩 투자,
성공을
벤치마킹하다

3명의 동업자가 15억원 모아
강남 사옥을 매입하다

3명이 동업으로 사업체를 운영하는 A회사는 꾸준히 사업이 성장해 직원들이 늘어나면서 매년 사무실을 옮기고 있었다. 그러던 2019년에는 직원이 급속도로 증가해 계속 임대 사무실을 옮겨 다니는 것이 어려울 듯 싶었다. 임대료로 매월 1,000만원 정도를 부담하고 있었는데, 임대료도 임대료지만 매년 사무실을 이전할 때마다 들어가는 인테리어 비용도 만만치 않았다.

사옥을 알아보던 중 지인의 소개로 빌사남을 찾게 되었다. 필자는 현재 금리가 낮아 임대료를 낼 돈이면 충분히 대출이자를 감당할 수 있으니 대출을 일으켜 빌딩을 매입하자고 권했다. 대출금리가 3%일 때 월 임대료가 1,000만원이라면 40억원 정도의 대출을 사용하는 것과 비슷하기 때문이다. 또 건물을 직접 사옥으로 사용하는 경우 공실 리스크도 없고, 고객들이 회사를 방문했을 때 회사 이미지가 좋아지고, 덤으로 향후 시세차익까지 얻을 수 있는 장점이 있다.

그래서 3명의 동업자가 각각 5억원씩을 출자해 15억원으로 법인을 설립하고, 강남구에 사옥을 장만하기로 했다. 한 달 이상 발품을 팔며 찾다 보니 30년 이상 노후되었지만 모든 임차인이 명도되어 있어 바로 리모델링할 수 있는 건물이 눈에 들어왔다.

강남구에 위치해 있고, 대지 170㎡(약 52평), 연면적 500㎡(약 150평)에 지하 1층~지상 5층의 총 6층짜리 건물이었다. 매매가는 40억원이었고, 매매가 외에 취득세와 리모델링 비용을 고려하니 8억원 정도가 추가로 필요했다. 공동자금 15억원 외에 33억원 정도의 대출이 필요해 제1금융권 5곳 정도를 알아봤다. 각 은행마다 대출가능금액은 제각각이었고 대출금리도 차이가 많이 났다. 당장은 금리보다 대출을 많이 해주는 은행을 위주로 알아봤는데, 다행히 한 군데에서 적극적으로 피드백을 주고 은행 본점을 최대한 설득해 원하는 금액을 대출받을 수 있었다. 일반적으로 대출을 받을 때 너무 교과서 같은 방법과 대답만 하는 지점장들도 많은데, 이렇게 본점과 직접 부딪히며 적극적으로 대출을 실행해 주는 은행을 찾은 것은 아주 운이 좋은 경우였다.

이 건물은 모든 층의 임차인이 명도가 된 상태여서 추가적인 비용과 시간을 들이지 않고 잔금을 치르자마자 바로 리모델링을 진행할 수 있었다. 잔금을 납부하기 전에 미리 건축사를 선정해 설계도면과 실시설계까지 완성된 상태여서 잔금 이후 바로 공사를 진행했다. 다만 주변에서 공사 소음으로 민원을 제기하면서 예상했던 공사 완료

시기보다 1개월 정도 더 걸렸다.

지은 지 30년이 넘어 지저분했던 낡은 건물은 요즘 트렌드에 맞게 깔끔하게 리모델링을 완료했고, 지하 1층은 회의실로 만들었다. 보통 지하는 습하고 어두워 임대를 주기 어려운 공간이지만, 건물 면적에서 한 층 바닥면적으로는 제일 큰 면적이다. 그래서 환기나 배수시설 등을 잘 공사해 쾌적하게 만들면 미팅과 회의가 많은 회사에게는 유용한 회의실 공간이 될 수 있다. 3~5층은 본사 사무실로 사용하기로 하고, 1층과 2층은 임대를 주기로 했다. 코로나19로 임대시장이 얼어붙어 걱정이 많았지만 임대를 진행하자마자 많은 중개사무소에서 연락이 왔고 2주 만에 2개 층 임대를 완료할 수 있었다. 임대를 단기간에 완료할 수 있었던 이유는 아마도 다른 건물들과 차별화된 리모델링으로 임차인들이 선호할 만한 건물이 되었기 때문이라고 생각

빌사남의 투자금액 분석

투자금액 분석		
매입가	40억원	
취득비용	2억원	취득세, 등기비용, 중개수수료 등
리모델링비용	6억원	
투자금액	48억원	매입가 + 취득비용 + 리모델링비용
차입금	33억원	
실제투자액	15억원	투자금액 – 차입금
시세차익 분석		
예상 매매가	75억원	
투자금액	48억원	실제투자액, 차입금
예상 시세차익	27억원	매매가 – 투자금액

한다.

매년 사무실을 이전하며 비싼 임대료와 인테리어 비용을 부담하던 A회사는 3명의 동업자가 각각 5억원씩 모아 15억원의 종잣돈을 마련해 40억원의 매입비용 외에 취득세, 리모델링 비용까지 감당할 수 있었다. 33억원에 대한 대출이자가 월 900만원 정도 발생했는데, 이는 1층과 2층의 임대료가 500만원 정도 들어와 실제 부담하는 이자비용은 월 400만원 정도에 불과했다. 기존 사무실의 월 임대료가 1,000만원이었으니 절반 이상 줄어든 것이다. 또 회사를 방문하는 고객들에게 회사가 성장하고 있다는 모습을 보여줄 수 있었고, 리모델링 후 시세는 75억원 정도로 예상되어 많은 시세차익까지 바라볼 수 있게 되었다.

직장인, 3억원으로
꼬마빌딩 건물주 되다

　직장인 A씨는 2019년, 10년 넘게 직장생활을 하면서 모은 3억원으로 은퇴 후 안정적인 소득을 얻기 위해 수익형 부동산을 알아보고 있었다. 처음에는 주택 건물을 매입해 임대를 주려고 했지만 주택에 대한 대출 규제가 심해지면서 주택 매입을 포기하고, 상가건물 중 1개 호수를 매입하는 분양상가로 눈을 돌렸다. 하지만 3억원의 종잣돈으로는 수익이 나는 분양상가를 매입하기가 어려웠다.

　여기저기 관련 정보를 찾던 중 빌사남에서 진행하는 스터디에 참석했는데, 소액으로도 대출을 이용해 꼬마빌딩을 매입할 수 있다는 말에 꼬마빌딩에 관심을 가지게 되었다. 현재 가진 돈은 3억원뿐이지만 거주하고 있는 아파트를 공동담보로 제공하면 10억원 내외의 꼬마빌딩을 매입할 수 있다는 사실을 알게 되었다. 하지만 서울지역에서 10억원 내외의 빌딩을 찾기가 쉽지 않았다. 그러던 중 양천구 인근에서 한 건물을 찾을 수 있었다. 오래된 낡은 건물이었지만, 먹자골목 상권에 있었고 주변에 아파트 배후세대가 있어 아침, 점심, 저녁 모두 유동인구가 꽤 있는 곳이었다.

대지면적 115㎡(약 35평), 연면적 300㎡(약 90평)의 지하 1층, 지상 4층 규모로, 지은 지 40년이 넘은 노후 건물이었다. 건물의 위치와 대지 크기는 괜찮았지만, 건물 상태는 최악이었다. 건물주가 나이가 많아 건물 관리가 아예 안 되고 있었고, 지하 1층과 1층을 제외하고 2~4층은 장기간 공실이었다. 일반적으로 접근했다면 공실이나 임대수익률을 봤을 때 매입을 결정하기 어려웠겠지만, 스터디에서 배운 내용을 접목해 보니 위치와 대지면적이 꽤 좋았고, 무엇보다 매입가가 10억원이 채 되지 않은 것도 큰 장점이었다. 리모델링만 잘하면 금액 대비 환금성이 높을 것으로 예상되었다.

A씨는 처음부터 리모델링을 계획했기 때문에 40년이 넘고 임대수익이 낮은 건물이었지만 과감하게 매입을 결정했다. 그런데 매매를 완료한 후 지하 1층은 협의가 잘되어 이사비용만 주고 명도가 완료되었지만, 1층은 너무 많은 권리금을 요구해 내보낼 수 없어 1층을 남겨둔 채 리모델링을 진행했다. 적은 돈으로 대출을 최대한 일으켜 무리를 해서 매입을 했기 때문에 권리금까지 챙겨 줄 돈이 없었다. 리모델링 견적은 약 2억원이 나왔는데, 살릴 부분은 최대한 살리는 방법으로 비용을 감축해 5,000만원 정도를 줄일 수 있었다. 이렇게 취득세와 부대비용, 리모델링비용으로 총 2억원이 소요되었다. A씨가 이 건물을 매입하는데 소요된 금액은 매입가 10억원에 리모델

링 비용 등 2억원을 합한 12억원 정도로, 이는 요즘 강남 아파트 전세 가격도 안 되는 금액이었다.

이렇게 40년 된 노후 건물은 얼굴(전면)과 내부를 바꾸니 완전히 다른 건물이 되었다. 건물 전면은 커튼월로 하였고, 기둥과 벽은 전부 흰색으로 깔끔하게 처리했다. 그리고 은은한 조명을 설치해 밤에도 주변 건물에서 가장 눈에 띄다 보니 임대 문의도 많이 들어와, 월 700만원의 임대수익을 기대할 수 있게 되었다.

직장인 A씨는 3억원의 자기자본으로 서울지역에서 꼬마빌딩을 매입하여 리모델링까지 하였고, 월 임대수익 700만원을 받아 대출이자를 내고도 안정적인 생활을 할 수 있게 되었다. 얼마 전 만난 A씨는 은퇴까지 자금을 더 모아 꼬마빌딩 1채를 더 매입한다고 했는데, 과연 그분의 몇 년 후 모습은 어떨지 궁금했다.

직장인 A씨의 투자금액 대비 임대수익률 분석

투자금액 분석		
매입가	10억원	
취득비용	5,000만원	취득세, 등기비용, 중개수수료 등
리모델링비용	1억 5,000만원	
투자금액	12억원	
차입금	9억원	
실제투자금액	3억원	
임대수익률 분석		
연 임대수익	8,400만원	월 임대료 700만원
임대수익률	7%	연 임대수익/투자금액×100

재임대를 통해 건물 가치를 올리다

꼬마빌딩은 리모델링과 신축 등의 건축행위를 통해 가치를 올리는 방법도 있지만, 인근 임대시세와 비교해 낮은 임대료를 받고 있다면 재임대만으로도 빌딩 가치가 올라갈 수 있다.

직장인 C씨는 주택을 매각하고 15억원 정도의 여유자금이 생겨 필자에게 꼬마빌딩을 알아봐 달라고 부탁했다. 당시 회사에 다니고 있어 안정적으로 월급을 받다 보니 당장의 임대수익보다는 나중에 시세차익을 얻을 수 있는 건물을 선호했고, 회사생활을 하고 있으니 건물 관리가 수월한 걸 원했다. 그즈음 운 좋게 강남지역에서 계약 당일 매수인의 실수로 거래가 불발된 건물이 생겨 바로 연락을 했다. 참고로 빌딩 거래는 평소 중개사와의 친밀한 관계가 중요하다. 좋은 매물이 나왔을 때 가장 먼저 생각이 나서 연락을 하는 관계를 만들어야 한다. C씨는 빌사남 스터디에 여러 차례 참석한 수강생이었고, 평소 상담비용까지 지급하면서 상담에 대한 가치를 높게 평가해 주는 등 인품이 좋아 매물이 나왔을 때 가장 먼저 소개해 주고 싶은 마음이 컸던 분이었다.

그래서 해당 빌딩의 계약이 불발되자 바로 연락을 해 매물을 소개했고, 당일 바로 계약을 완료했다. 몇 시간 만에 50억원 상당의 계약을 할 수 있는 것은 서로가 평소 좋은 신뢰관계가 있었기에 가능했을 것이다.

이 건물은 대지 250㎡(약 75평), 연면적 760㎡(약 230평)의 지하 2층 지상 6층 규모로, 매도인이 직접 사옥으로 쓰려고 신축한 건물이었다. 2016년에 준공을 했는데, 당시 최신 트렌드를 반영해 신축을 해 건물 내외관이 깔끔하고, 관리 또한 잘된 건물이었다.

매매가는 50억원이었는데, 건물 전체를 보증금 15억원에 월세 1,000만원으로 3년 동안 임차하는 리스백 조건이 있었다. 세일 앤드 리스백(sale and leaseback)이란 매도인이 건물을 매각하고 다시 임차하여 사용하는 것이다. 보통 리스백 조건은 보증금 비율이 높고 임대료가 낮아 투자금 대비 임대수익률은 높지 않지만, 리스백 기간이 끝난 뒤 재임대만 잘한다면 충분히 임대수익을 높일 수 있다.

주변의 임대시세를 조사해 보니 사무실 기준 평당 임대료는 10만원 선이었다. 그리고 이 건물은 엘리베이터가 있었기 때문에 상층까지 동일한 수준의 임대료를 받을 수 있었다. 엘리베이터는 임대에 있어서 중요한 역할을 한다. 엘리베이터가 없으면 상층으로 올라갈수록 임대료가 크게 내려가기 때문에 엘리베이터 유무는 임대료 수준이나 공실률에 많은 영향을 미친다. 또 주차장도 충분히 여유가 있어 사무실 임대에 적합한 건물이었다.

이 건물은 최근 리스백 기간이 끝나자마자 바로 임차인을 새로 맞춰 보증금 3억원, 월 임대료 3,000만원에 임대차계약을 체결했다. 강남지역의 요구수익률이 3% 정도인 점을 감안하면 약 110억원에도 매각이 가능한 건물이 된 것이다.

이처럼 임대료가 낮게 책정되어 있거나, 임차인들과 오랜 관계 때문에 임대료를 몇 년째 못 올리고 계속 묵시적 갱신으로 놔두는 경우의 건물은 임대시세를 꼼꼼히 조사해 예상임대수익을 잘 계획하여 재임대를 한다면 건물 가치가 확연히 좋아질 수 있다.

직장인 C씨의 투자금액 대비 재임대수익률 분석

투자금액 분석		
매입가	50억원	
취득비용	2억 5,000만원	취득세, 등기비용, 중개수수료 등
투자금액	52억 5,000만원	
임대수익률 분석(리스백 기간 이후)		
보증금	3억원	
연 임대수익	3억 6,000만원	월 임대료 3,000만원
연 임대수익률	7.2%	연 임대수익/(투자금액-보증금)×100
시세차익 분석		
현재 시세	110억원	
투자금액	52억 5,000만원	
예상 시세차익	약 58억원	2017년 매입 후 3년 경과

주차장 확보만으로 수익은 배가된다

  B씨는 2017년 강남구에 위치한 대지 250㎡(약 75평), 연면적 650㎡(약 195평)의 총 6층 규모 건물을 50억원에 매입했다. 그런데 이 건물은 건물 앞 도로가 12m로 넓었지만 건물들 사이에 끼어 있는 건물이었다. B씨는 코너 건물이 아니어서 아쉬워하고 있었는데, 1년 후 건물 바로 뒤의 다가구주택이 매물로 나와 시세보다 비싼 가격이었지만 27억원에 바로 매입했다.

  B씨가 시세보다 비싸게 다가구주택을 매입한 이유는 우선 뒤 건물이 동일인의 소유가 되면 앞 건물과 동일한 대지가격을 받을 수 있게 되고, 무엇보다 뒤의 다가구주택 역시 후면으로 도로를 접하고 있어서 두 건물을 같이 신축할 경우 양면도로가 되어 후면으로 주차장 설치가 가능해지기 때문이다. 이처럼 넓은 도로변에 있는 건물을 매입

한 경우에는 뒤쪽의 필지를 매입할 수 있으면 항상 그 가능성을 열어
놔야 한다.

특히 건물을 신축할 때 가장 고려해야 하는 것 중 하나가 주차장
확보이다. 보통 근린생활시설로 신축하는 경우 약 40평(134㎡)당 1대
의 주차장 공간을 확보해야 한다. 예를 들어 연면적 500∼700㎡(약
150∼200평) 정도의 꼬마빌딩을 신축한다면 4∼5대의 주차장 공간을
확보해야 하는 것이다. 만약 B씨가 앞 필지만 가지고 신축을 한다면
건물 사이에 낀 건물에서 4∼5대 정도의 주차공간을 확보하기 위해
서는 1층 면적이 많이 없어지게 되어 건물의 효율성이 많이 떨어졌
을 것이다. 보통 건물 전체 임대료의 약 50%가 1층에서 나오는데, 1
층 임대면적이 크지 않거나 주차장 확보 때문에 잘 보이지 않는다면
건물의 전체 가치는 떨어지게 된다. 이에 반해 코너 건물은 측면에
주차장 확보가 가능해 1층 전면 부분을 살릴 수 있어 사이에 낀 건물

과 코너 건물은 가격 차이가 많이 난다. 그래서 바로 옆에 코너 건물이 있다면 같이 매입하는 것도 좋은 방법이다. B씨의 경우는 코너 건물이 아닌 상황에서 후면 도로에 접한 뒤쪽의 건물이 매물로 나왔기에 무리가 되었지만 이를 매입한 것이다.

이처럼 이면도로를 접한 건물을 함께 매입하거나 코너 건물을 매입할 수 있다면 건물의 가치가 달라질 수 있다. 그래서 건물 사이에 낀 건물이 매물로 나왔다면 건물을 매입할 때 옆의 코너 건물이나 뒤쪽의 이면도로를 접한 건물을 같이 매입하는 것이 좋다. 하나를 먼저 매입하고 난 후 나중에 뒤쪽의 필지나 코너 건물을 매입하려고 하면 비싼 가격을 부를 수 있기 때문이다.

이 사례처럼 인근 필지를 같이 매입해 신축을 하면 빌딩 가치가 180도 달라질 만한 건물이 있다. 당장은 신축하지 않더라도 우선 함께 매입만 해놓고 나중에 신축을 하거나 매각시 같이 묶어 매각을 하면 전체적으로 좋은 조건에 매각을 할 수 있다. 이런 건물은 매입만으로도 수익이 배가된다.

임대수익보다 운영수익이 중요하다

건물주 C씨는 서울시 강서구에 건물을 소유하고 있다. 아파트 배후세대가 많은 지역에 위치하고 있으며, 건물 1층에는 편의점, 위층에는 학원이 입점되어 있었다. 하지만 월 300만원에 한 층을 사용하고 있던 학원 임차인이 나가며 6개월 정도 공실이 지속되었다. 공실기간이 생각보다 길어지자 건물주는 이대로 임차인이 들어오기만 기다릴 수 없어 본인이 그 자리에서 사업을 해보기로 했다.

인근에 학생과 직장인들이 많은 지역이다 보니 독서실 수요가 확실히 있어 보였다. 시장조사를 해보니 주변에 독서실이 많지 않았고, 또 몇 개 있는 독서실도 오래되어 시설이 좋지 않았다. 그렇다면 약간 비싸더라도 프리미엄 독서실을 운영하면 충분히 승산이 있겠다고 판단하여 건물주가 직접 자기 건물에서 프리미엄 독서실 가맹점주가 되었다. C씨의 판단대로 독서실 수요는 많이 있었고, 그들은 조금 비싸더라도 깔끔하고 최신식 시설의 프리미엄 독서실을 선호했다.

독서실 매출은 첫 달부터 목표치를 뛰어 넘었고, 2년 동안 월 순수익이 1,000만원 이상 유지되었다. 이렇게 충분히 안정성을 확인한 C씨는 건물의 다른 층도 임차인을 명도한 후 독서실로 바꾸었고, 주변의 다른 건물까지 임차해 5개 정도의 독서실을 운영하고 있다.

C씨의 사례처럼 한 층을 임대료를 받고 임대했으면 임대수익으로 월 300만원이었을 텐데 좋은 아이템을 찾아 직접 운영하니 약 3배 정도 더 많은 수익을 얻을 수 있게 된 것이다.

강남구에 건물을 소유하고 있는 B씨는 전 층을 다단계회사에 장기 임대를 주고 있었는데, 임차인이 임대료를 1년 넘게 미납하자 이에 따른 명도소송을 진행하면서 임대사업에 지칠 대로 지쳐 버렸다.

그러다 보니 새로운 임차인을 구하기도 두렵고, 대출에 따른 이자 비용도 계속 나가는 상황에서 매각을 할지 고민하다 공유오피스를 활발하게 운영하는 업체를 소개받고 공동으로 임대사업을 하기로 했다.

　건물주가 건물 임대 및 관리에 대해 일일이 관여하는 게 아니라 건물주는 건물을 제공해 주고, 공유오피스 업체가 운영을 하며 총수익을 나누는 방법이었다. 임대는 공유오피스 업체에서 전체 관리를 하기 때문에 건물주가 신경 써야 할 부분은 없었고, 매월 매출을 확인하고 수익을 나누기만 하면 되었다. 건물주 입장에서는 초기에 인테리어 비용 부담과 불규칙한 임대료 수익이 부담되기는 했지만, 공유오피스 사업의 미래를 긍정적으로 보았기에 과감하게 투자를 했고, 무엇보다 지긋지긋한 건물 관리에서 벗어난 것이 좋았다.

　다행히 위치가 좋은 곳에 있다 보니 공유오피스는 오픈도 하기 전에 50% 이상 계약되었고, 오픈 이후에는 거의 만실로 운영 중이다. 건물주는 연 4% 정도 임대수익을 얻고 있는데, 강남지역의 요구수익률이 2~3% 정도인 걸 감안하면 꽤 괜찮은 수익률이었다. 그리고 건물이 공유오피스로 바뀌면서 건물 가치도 올라갔다. 참고로 이런 특수임차인과 협업하여 임대사업을 운영하는 경우 5~10년 이상의

장기계약이 많기 때문에 경기변동에 따른 공실 리스크를 최소화할 수 있다.

　대부분의 투자자들은 임대수익을 얻기 위해 꼬마빌딩을 매입하는데, 건물주가 직접 사업을 운영할 계획이 있거나 함께 좋은 아이템을 운영할 사람이 있다면 임대수익보다 운영수익이 더 높을 수 있다. 이 부분도 투자에 앞서 진지하게 고민해 볼 문제이다.

1종 일반주거지역이
무조건 나쁜 건 아니다

빌딩 투자를 하면서 가장 먼저 알게 되는 용어가 1종, 2종, 3종 일반주거지역이다. 서울시를 기준으로 용적률 순으로 볼 때 1종 일반주거지역은 150%, 2종 일반주거지역은 200%, 3종 일반주거지역은 250%이기 때문에 가장 높은 용적률인 3종이 제일 좋고, 1종은 가치가 없다고 생각할 수 있다. 하지만 서울시 기준으로 3종의 경우 용적률은 높지만 건폐율은 50%로 오히려 줄어들기 때문에 위층까지 임차인이 들어가기 애매한 위치거나 일조권 사선을 많이 받는 경우에는 3종의 가치가 더 안 좋을 수 있다. 또 1종 일반주거지역은 대부분 주택가이고 경사지에 있는 경우가 많아 단점이라고 생각할 수 있지만, 경사면을 잘 활용하여 이 부분을 지하층으로 인정받게 되면 한 층의 이득을 볼 수 있는 2종 같은 1종 건물들이 꽤 있다.

　지하층은 바닥에서 지표면까지 평균 높이가 해당 층 높이의 2분의 1 이상이면 지하층으로 인정을 받게 되며, 건축법상 지하층으로 인정받으면 용적률에 포함되지 않고 건폐율 제한도 받지 않는다. 그래서 실제로는 건물에 바로 진입할 수 있는 1층이지만, 건축법상 지하층으로 인정받게 되면 1개 층을 덤으로 얻게 되는 것이다. 이렇게 될 경우 평지에 있는 2종 일반주거지역보다 더 넓은 면적을 얻을 수 있다. 이득을 본 1종 일반주거지역 건물은 건축물대장상에는 지상 4층이지만, 실제로 가면 지하 1층이 실제 1층으로 인정받아 5층 건물로 되어 있다.

　A씨의 사례를 예로 들면 2017년 1종 일반주거지역에 있는 건물을 30억원에 매입했다. 1종이라 용적률이 150%이긴 하지만, 건물 뒤에 경사가 있어서 신축시 지하 1층이 지상으로 노출될 수 있는 건물이었다. 그래서 지하 2층 ~ 지상 4층 규모로 신축을 했지만, 실제로는 지하 1층 ~ 지상 5층 규모 빌딩처럼 보였다. 이 건물은 경사면을 활

용해 1종이었지만 오히려 2종보다 더 효율적으로 공간을 만들 수 있었고, 매입한 지 3년 만인 2020년에 80억원에 매각을 했다. 경사가 있는 1종 일반주거지역을 2종보다 저렴하게 매입하여, 신축할 때 1개 층의 이득을 본 뒤 최대로 활용을 해 차익을 얻은 사례이다.

이처럼 경사면을 활용해 2종 일반주거지역과 비슷하거나 2.5종(?)의 효과를 얻을 수 있는 1종 일반주거지역을 잘 찾아낸 뒤 저렴하게 매입해 신축한다면 많은 시세차익을 얻을 수 있다. 이때 1개 층을 얻을 수 있는지는 중개사에게 문의하기보다는 건축사와 함께 현장을 방문해 확인하는 것이 필요하다.

먹자상권 메인 도로에 위치하고 있는 40년 이상 된 노후 건물로, 공실이 많아 월 임대료가 200만원도 채 나오지 않는 수익률이 낮은 건물이었다.

매입 후 1층은 영업을 해야 해서 남겨두고, 나머지 층만 리모델링을 진행했다. 예산이 많지 않아 살릴 수 있는 부분은 최대한 살려 최소 비용으로 최대 효과를 낸 건물이다. 깔끔한 화이트 색상에 투명로이 복층유리, 그리고 내외부 조명으로 포인트를 주어 주변에 있는 건물 중 가장 눈에 띄게 만들었다.

리모델링 후 월 임대료는 약 700만원 정도로 3배 이상 뛰었다.

대지면적	약 115㎡ (35평)	건축규모	지하 1층~지상 3층
용도	제2종 근린생활시설 (일반음식점, 점포, 독서실)	건축구조	벽돌구조
건축면적	약 70㎡ (21평)	연면적	약 300㎡ (90평)
건폐율	약 60%	용적률	약 180%
주차대수	0대	외부마감	알루미늄 쉬트, 투명로이 복층 유리 마감

리모델링 전 건물 전면

리모델링 후 건물 전면　　　　　　　리모델링 후 건물 우측면

리모델링 후 건물 내부 및 계단

6장

빌딩 투자,
실패에서
배운다

메디컬 빌딩이라고 안전한 건 아니다

은퇴 후 안정적인 임대수익을 얻고 싶었던 B씨는 대출을 포함해 30억원대 중반의 건물을 찾고 있었다. 임대수익률만 높게 나온다면 수도권에 있는 건물까지도 고려하고 있었다. 그러다 인천에 있는 메디컬 건물이 눈에 들어왔다. 서울지역의 건물보다 규모가 크고, 대로변에 위치해 있었다. 1층에는 약국이 있고, 나머지 층에는 병원이 입점해 임대수익률도 5% 정도로 높은 수준이었다.

B씨가 거주하는 곳은 서울시 송파구였지만, 5% 정도의 임대수익률과 임차인들의 업종이 마음에 들어 이 빌딩을 2007년 20억원의 대출을 받아 35억원에 매입을 했다.

매입 후 몇 년 동안은 안정적으로 임대료가 들어와 생활에 문제가 없었지만, 10년이 지난 후 도심 재개발로 주변 상권이 이동하면서 이

빌딩은 완전히 다른 건물이 되었다. 인근에 대규모 아파트 단지가 생기자 위층의 병원들이 대부분 이전을 했고, 결국 1층의 약국도 따라 나갔다. 그 후 1층은 임차가 되지 않아 의류 판매를 하는 단기임차인이 근근이 들어왔고, 위층에는 사무실 1개 층만 들어오고 나머지는 장기간 공실 상태로 방치되었다. 게다가 송파 집과 거리가 너무 멀어 관리하는데도 문제가 있었다. 은퇴 후 편안한 노후를 위해 투자했던 건물이 골치덩어리가 된 것이다.

더 이상 안 되겠다 싶어 건물을 내놨지만, 쉽게 매각도 되지 않았다. 취득세 등 부대비용을 감안하면 약 37억원 정도가 들었는데, 7억원이나 낮춰 30억원에 내놔도 몇 년째 매각이 되지 않고 있다. 만약 2007년 매입 당시 인천이 아닌 35억원대의 강남 건물을 매입했다면 상황은 많이 달라졌을 것이다. 앞에서도 계속 언급했듯이 빌딩 투자에서 가장 중요한 것은 환금성이 높은 지역에 투자를 해야 리스크가 적다는 것이다.

B씨의 경우처럼 지역과 환금성을 고려하지 않고 당장의 임대수익과 임차 업종, 건물 상태만 보고 잘못 투자한 사례들이 많이 있다. 임대수익과 임차인은 변동될 여지가 크지만, 매입했던 지역은 바꿀 수 없다. 빌딩 투자의 핵심은 매각시에 발생하는 매매차익이라는 사실을 기억하고, 지금 당장의 임대수익과 임차인의 달콤한 유혹에 넘어가서는 안 된다.

임대수익률만 보고 투자하지 마라

꼬마빌딩에 투자하는 이유 중 하나가 바로 매월 임차인들에게 받는 '임대수익' 때문이다. 하지만 너무 임대수익에만 초점이 맞춰지면 정작 중요한 부분을 놓칠 수 있다.

지방에 거주하면서 안정적인 노후생활을 위해 임대수익이 높은 빌딩을 찾던 C씨는 강남지역의 역세권에 있는 꼬마빌딩을 약 30억원에 매입했다. 전 층 원룸으로 운영 중이었고, 임대수익률이 무려 7%나 되는 건물이어서 안정적인 임대수익을 얻을 수 있다고 기대했다.

하지만 임대수익은 숫자에 불과했다. 약 20개가 넘는 원룸이 만실일 때 7%였고, 임차인이 들락날락하다 보니 만실일 때보다 중간중간 비는 경우가 더 많았다. 또 20개가 넘는 원룸을 관리하는 건 정말 쉬운 일이 아니었다. 거기다 실제 용도는 원룸인 주택으로 사용하고 있지만, 건축물대장상의 용도는 근린생활시설로 되어 있었다. 매입 당시에는 위법 건축물로 등재가 안 되어 문제가 없었지만 얼마 지나지 않아 임대료 때문에 다툼이 있었던 임차인의 신고로 불법 건축물로 적발되었다. 이행강제금은 1년에 1,000만원이 넘게 나왔다. 건물을 처음 매입하다 보니 불법인지 적법인지 알 수 없었고, 중개사도 이 부분에 대해서는 자세하게 알려주지 않았다. 책임을 묻자 본인도 알지 못했다고 변명만 했고, 피해는 고스란히 C씨가 보게 되었다.

이렇다 보니 임대수익이 발생해도 이행강제금과 건물 유지 관리비용 등을 제하면 실제 남는 수익은 얼마 되지 않았다. 결국 매입한 지 1년 만에 매입한 금액으로 매물을 내놨다. 그런데 강남지역의 역세권에 있기 때문에 매각이 잘될 거라고 생각했지만, 불법 건축물에 입구가 작은 자루형 대지여서 몇 년째 매각이 되지 않고 있다. 이 건물

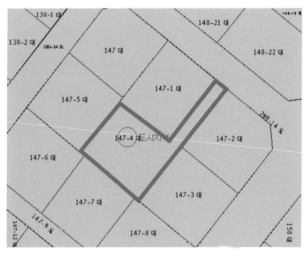

다른 지번에 둘러싸여 입구가 좁은 자루형 대지의 예

은 C씨가 매입하기 전 건물주가 5년 넘게 매각을 진행했지만, 이런 문제 때문에 매각이 되지 않았던 건물이었다. 7%라는 높은 임대수익률만 보고 투자했던 C씨는 임대수익이 오히려 독이 되어 원금 손실의 위험에 처한 것이다.

C씨 사례처럼 임대수익만 좇다 보면 다른 중요한 부분을 놓치게 되는 경우가 많다. 시장에 나와 있는 일부 매물들은 매각을 하기 위해 불법으로 용도를 변경해 임대수익률을 높이는 경우도 있다. 그래서 실제 사용 용도와 건축물대장의 용도가 적법하게 사용되고 있는지 확인해야 하고, 주변 임대시세와 비교해 임대수익이 적정한지 조사할 필요가 있다.

건물을 검토할 때에는 환금성, 땅의 가치, 도로 등 기본적인 사항들을 우선적으로 검토한 후 부수적인 임대수익이나 기타 사항들을 검토해야 리스크를 줄일 수 있다.

상권보다 땅의 가치를 먼저 파악하라

A씨는 2019년 말 서울시 종로구 화동의 대지 170㎡(약 51평), 연면적 95㎡(약 29평)의 1층짜리 건물을 35억 3,000만원에 대출 없이 매입했다. 이 건물은 한국의 오랜 문화가 담겨 있는 삼청동 진입로에 위치해 있어, 한국의 전통적인 분위기를 느끼기 위해 외국인 관광객들이 많이 방문하는 곳이었다. 인사동, 삼청동, 화동 등의 지역은 지구단위계획, 문화재 관련 구역에 속해 있어서 1~2층의 저층 건물이 많고, 대부분 신축이 아닌 노후된 한옥 건물을 리모델링한 경우가 많았다.

그런데 이 지역의 지구단위계획은 업종 제한이 있어서 임대업종에 제한이 있을 수 있고, 건축행위에 있어서도 지구단위계획 지침을 따라야 하는 등 여러 가지 제한이 있다. 그래서 이 지역에 건물을 매입할 때에는 반드시 토지이용계획서를 확인해야 하고, 지구단위계획 결정도를 해당 구청 홈페이지에서 다운받아 확인하거나 담당 공무원에게 문의하여 토지 이용에 제한이 있는지를 확인해야 한다.

이런 내용을 확인하지 않고 매입한 A씨의 건물은 신축이 불가능하고, 1층 건물이다 보니 임대수익도 높게 나오지 않았다. 매입 당시에는 유명 프랜차이즈 업체가 보증금 1억원, 월세 650만원에 임대되어 있었지만, 현재는 그 업체도 계약을 채우지 않고 나가 공실 상태가 되었다. 특히 코로나19 여파로 자주 오던 외국인 관광객까지 줄어 임대와 매각이 더 어려운 상황이 되었다. 그리고 건축행위의 제한이 앞으로도 개선될 여지가 없기 때문에 시세차익은 커녕 원금 회수도 어렵게 되었다.

A씨의 실책은 매입 당시의 상권과 유명 프랜차이즈 업체의 임차만 보고 투자를 한 것이다. 상권이라는 것은 언제 어떻게 바뀔지 모른다. 코로나19의 여파는 외국인 관광객을 대상으로 하는 상권들을 대부분 무너뜨렸다. 대한민국 최고의 상권이었던 명동 상권이 무너질 줄 누가 알았겠는가? 이처럼 상권이라는 건 항상 리스크가 존재하기 때문에, 상권에 의존하기보다는 기본적인 땅의 가치를 파악하는 것이 중요하다.

높은 리스백 조건에 현혹되지 마라

서울 서초구에 거주하는 50대 A씨는 안정적으로 임대수익이 발생하는 30억원대 꼬마빌딩을 찾고 있었다. 집 근처인 서초동이나 강남 지역을 알아봤지만 가격 대비 수익률이 너무 낮았다. 그러던 중 집에서 약간 거리가 있긴 했지만 동작구 대로변에 대지 300㎡(약 90평), 연면적 550㎡(약 167평)의 5층 규모에 33억원 정도의 꼬마빌딩이 눈에 들어왔다. 이 건물은 법인이 소유하고 있었고, 매도인이 임차인으로 임대하는 리스백 조건으로 매각을 진행하고 있었다. 리스백 조건은 전 층 보증금 1억 5,000만원에 월 임대료 1,000만원, 5년 장기 조건이었다.

A씨는 매입과 동시에 전 층 임대가 되고 5년 동안 임대 걱정이 없다고 판단해 20억원을 대출받아 33억원에 계약을 했다. 이 정도면

임대료로 이자비용은 충분히 감당할 수 있을 것 같았다. 하지만 문제는 계약을 하면서부터 발생했다. 리스백 조건은 구두상으로만 이야기가 되었고, 계약서에는 리스백 조건이라는 문구를 기재하지 않았던 것이다. 결국 잔금 이후 약속했던 리스백 조건은 이행되지 않았고, 매도자는 건물을 무상·무단으로 사용하다 명도소송을 진행하니 바로 나가버렸다. 한순간에 전 층 공실이 된 것이다.

이 건물의 매도인은 2년 전에 약 23억원에 매입해 1년 만에 리스백 조건으로 10억원을 더 받고 비싸게 매각을 한 후 1년 동안 임대료를 내지 않고 사용하다 명도소송 후 나간 것이다. 그리고 이 모든 피해는 장기 리스백 조건이라 안정적으로 임대료가 들어올 것이라고 생각했던 A씨가 부담하게 되었다.

전 층 공실이 되다 보니 임대는 더 힘들었다. 대로변이었지만 위치도 썩 좋지 않았고, 무엇보다 리스백 조건의 임대료가 주변 임대시세보다 높게 책정되어 있어서 임대료를 더 낮게 책정해야 했다. 하지만 장기간 임대가 되지 않았고, 결국 매입가에 취득 부대비용만 포함해 매물로 내놨으나 공실인 상태이다 보니 매각이 되지 않고 있다.

A씨의 사례처럼 매도인이 매각을 하면서 전 층 리스백 조건으로 매각을 하는 경우가 종종 있는데, 이 경우 주의해야 할 점들이 있다. 우선 리스백 조건이 건물을 매각하기 위한 높은 임대료 조건인지 꼼꼼히 살펴봐야 한다. 꼬마빌딩 투자자들은 높은 임대수익을 기대하는 경우가 대부분인데, 이런 투자자들을 달콤하게(?) 유혹하는 방법이 주변 시세보다 높은 리스백 조건이다. 하지만 A씨의 사례처럼 임대료를 내지 않거나 계약기간 중간에 나가 버리는 경우도 종종 있기

때문에 리스백 조건의 경우 주변 임대시세와 대비해 적정 금액인지를 꼭 확인해야 한다.

특히 전 층 리스백 조건의 경우에는 더 확실하게 대비해야 한다. 만약 전 층 리스백 조건이고 매도인이 중간에 계약을 이행하지 않는 것이 걱정되는 경우에는 보증금 비율을 높이는 것도 방법이다. 대략적으로 보증금은 1년치 월세 정도를 산정하지만, 임대료를 납부하지 못하거나 중간에 나갈 수 있는 위험에 대비해 2년치 이상으로 높이게 되면 임차인 입장에서 묶인 돈이 있기 때문에 쉽게 나가지 못한다. 또 임대료가 어느 정도 밀린다고 해도 남은 보증금액이 있기 때문에 소송을 하더라도 돈이 떼일 일이 줄어든다.

건물 일부분만 리스백일 경우는 리스크가 상대적으로 적지만, A씨 사례처럼 전 층 리스백일 경우에는 꼼꼼하게 조건들을 체크해 보고 안전장치를 만들어 둘 필요가 있다.

토지 활용도가 낮으면 임대가 어렵다

A씨는 소액으로 투자할 만한 꼬마빌딩을 찾고 있었다. 몇 개의 건물을 보던 중 2개 건물이 눈에 들어왔다. 하나는 대로변 바로 이면의 10m 도로변 코너 건물로, 위치는 좋았지만 금액이 좀 비싼 35억원이었다. 또 하나는 이면의 이면에 있는 4m 도로변 건물로, 신축이 필요한 노후 건물이 11억원에 나와 있었다.

A씨는 대출에 대한 부담감 때문에 비교적 금액이 싼 11억원짜리 건물을 매입했다. 하지만 이 건물은 차량 진입이 어려웠고, 이면의 이면에 있다 보니 찾아가기 힘든 곳에 위치하고 있었다. 그리고 무엇보다 대지면적이 약 27평(90㎡)으로 너무 작았고, 또 1종 일반주거지역에 위치해 용적률이 150%여서 아무리 신축을 한다고 해도 연면적이 작아 임대수익이 발생하기 어려운 조건이었다. A씨는 신축을 하

려는 과정에서 이런 문제점들을 확인했지만 노후된 건물을 그대로 둘 수가 없어 연면적 130㎡(약 40평)의 지상 3층 규모로 신축을 하게 되었다. 지하층도 만들 수 있었지만, 건물이 너무 이면에 위치해 마땅히 임대 들어올 만한 업종이 없어 비용 대비 효율성이 너무 떨어져 만들지 않았다. 결과적으로 이 건물은 금액대는 저렴하지만, 토지 효율성이 너무 떨어지는 건물이었다.

신축 후 임대를 하려고 해도 한 개 층의 면적이 14평(47.81㎡)으로 너무 작아 들어올 만한 임차인이 거의 없어 장기간 공실로 방치되다 간신히 임대를 맞추긴 했는데, 투자금 대비 수익률이 2%가 채 나오지 않았다. 매각을 하려고 내놨지만 2년 동안 매각도 되지 않고 있다.

비슷한 사례로 B씨는 강남구에 위치한 30억원대 초반의 대로변 건물을 소개받고, 강남이라는 메리트와 위치가 괜찮아서 최대한 대출을 받아 매입을 했다. 하지만 이 건물도 대지면적이 27평(90㎡)으로 너무 작아 최대한 신축을 한다 해도 활용도가 떨어졌다. 아무리 강남이라고 해도 투자금 대비 수익성이 나올 수 없는 건물이었다. 결국 투자금에 비해 활용도가 낮은 건물을 비싸게 매입한 경우이다.

위 두 사례처럼 토지 활용도는 꼬마빌딩 투자에 있어 정말 중요하다. 인기지역이라고 해도 신축이나 리모델링을 했을 때 투자금 대비 수익성이 나오지 않으면 그 땅은 좋은 땅이 아니다. 단지 투자금이 적고 지역이 좋다고 해서 무턱대고 투자했다가 면적이 작아 임대도 어렵다면 나중에 매각은 더 힘들어질 수 있다.

2층짜리 노후 단독주택 신축

30년 이상 된 2층짜리 노후 단독주택이었는데, 마당이 넓어 주차
공간에 여유가 있어 멸실 후 신축을 계획했다.

신축시 내부 전용면적을 최대한 확보하는 것을 최우선으로 하였
다. 특히 정북일조 사선제한을 고려하여 MRL 엘리베이터(상부 기계실
없는 타입)를 적용했고(일반 승강기 대비 높이 낮음), 사선제한으로 후퇴
되는 공간을 테라스로 계획하여 4층 이상은 층별 전용 외부테라스를
제공했다. 또 기존 경사지형을 최대한 활용해 1층 상가 출입구와 건
물 주출입구를 확보했다(반 층 높이 차이로 지하 1층 일부 지상으로 노출).

대지면적	약 190㎡ (58평)	건축규모	지하 1층~지상 6층
용도	제2종 근린생활시설 (휴게음식점, 사무소)	건축구조	철근콘크리트구조
건축면적	약 91㎡ (27평)	연면적	약 590㎡ (178평)
건폐율	48.33%	용적률	232.81%
주차대수	지상 주차 4대	외부마감	라임스톤 (화이트계열), 커튼월시스템

신축 전 건물 전면

철거 전 건물 좌측면

철거 전 건물 뒤측면

신축 후 건물 뒤측면

신축 후 건물 전면

신축 후 건물 좌측면

7장

서울지역
꼬마빌딩
투자 분석

강남구

　빌딩에 투자를 하고자 한다면 가장 먼저 검토해야 할 지역이 바로 강남이다. 강남은 서울에서 거래량이 제일 많은 곳이고, 그렇다 보니 환금성이 높은 지역이다. 그래서 강남은 서울뿐만 아니라 수도권과 지방에 있는 사람들까지도 관심을 많이 갖는다.

　하지만 강남구 전체가 거래가 많은 것은 아니고, 강남구 내에서도 동별로 거래량 차이가 많이 난다. 국토교통부 상업용 부동산 실거래가 신고 현황을 보면 2019년 기준으로 역삼동(89건), 논현동(56건), 신사동(46건), 청담동(29건), 대치동(27건), 삼성동(22건), 도곡동(8건), 개포동(3건) 순으로 거래가 되었다. 역삼동이 거래가 가장 많았고, 도곡동과 개포동의 거래가 적었다. 도곡동과 개포동은 투자가치도 높고 살기도 좋지만, 강남구 내에서 빌딩 거래량은 낮은 편이다. 이는

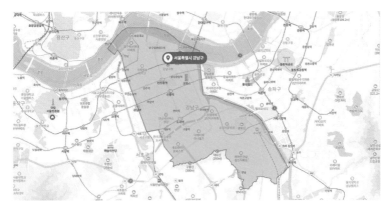

상업용 빌딩보다 아파트 등 주거시설 위주로 되어 있기 때문이다. 이처럼 강남이라고 해도 동마다 거래량의 차이가 많이 난다. 특히 2020년 6월 청담동, 대치동, 삼성동이 토지거래 허가구역으로 지정되면서 이 지역의 거래량이 줄어들며, 이에 따른 반사이익으로 역삼동, 논현동, 신사동 쪽 거래가 활발해졌다.

특이한 점은 2020년은 코로나19의 영향으로 거래량이 줄어들 것으로 예상했는데, 강남지역의 거래량은 2020년 9월 현재 이미 2019년의 매각건수를 뛰어넘었다. 그 이유는 아무래도 경제위기가 왔을 때 '안정적인' 곳에 돈을 넣어두려는 심리가 반영된 듯하다.

서울지역 전체를 봤을 때도 강남지역의 거래량이 눈에 띄게 많았는데, 그 이유는 여러 가지가 있겠지만 가장 큰 이유는 아마도 지리적 여건이 좋기 때문일 것이다. 강남지역은 지하철 2호선, 3호선, 7호선, 9호선, 분당선, 신분당선 등 많은 노선이 연결되어 있어 서울에 거주하는 사람들뿐만 아니라 수도권에 거주하는 사람들도 편하게 이동이 가능하다. 그리고 광역버스 노선도 많이 있어 버스를 통해서도 쉽게 강남까지 올 수 있다. 또 강남구의 지도를 보면 바둑판처럼 도로 정비가 잘되어 있어 어디든 차를 타고 들어갔다 나오기 쉽게 되어 있다.

이처럼 교통도 편리하고 많은 회사들이 밀집되어 있기 때문에 강남에 사람들이 많이 몰리고, 그러다 보니 빌딩 거래도 많이 일어난다. 그리고 빌딩을 매입하려는 사람들도 이쪽에 많이 거주하기 때문에 가격이 꾸준히 오를 수밖에 없다.

강남지역을 눈여겨 보고 있다면 특히 역삼, 논현, 신사 지역에 관심을 가지고, 토지거래 허가를 받을 수 있다면 청담, 삼성, 대치까지도 주목해 보기를 권한다.

용산구

 용산구는 서울의 중심부에 위치해 있고, 한남 뉴타운, 국제업무지구, 용산공원 등의 개발이 진행될 예정이어서 투자자들이 지속적으로 관심을 가지고 있는 지역 중 하나이다.

 용산구 내의 거래량을 보면 특히 한남동의 거래량이 눈에 띈다. 한남동은 청담동과 함께 대표적인 부촌으로 자리잡고 있고, 서울 중앙에 위치해 강남과 강북을 쉽게 오고 갈 수 있다. 그리고 풍수지리적으로 볼 때도 앞에는 큰 강(한강)이 흐르고 뒤에는 산(남산)이 있어 배산임수 지형의 명당으로, 대기업 총수나 연예인 등 유명 인사들이 많이 거주하고 있다. 재력가들이 많이 살다 보니 주변 분위기도 여유로운데, 일반 상업시설이 밀집되어 있는 곳이 아닌 한남동 특유의 고급스러움 때문에 사람들이 많이 찾고 있다. 한남동에서 빌딩을 매입하

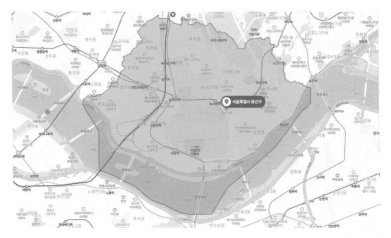

(출처 : 네이버 지도)

기 위해 많이 찾는 곳은 한강진역에서 제일기획으로 이어지는 꼼데가르송길 인근이나 나인원한남 인근, 한남더힐 인근 등이다.

이외에도 삼각지역과 신용산역, 용산역 인근을 많이 찾는다. 특히 신용산역 근처는 아모레퍼시픽, 빅히트엔터테인먼트 등 핫한 회사 사옥들이 밀집되어 있고, 주변에는 고층 아파트와 주상복합단지 등이 있어 기본적으로 유동인구가 많은 편이다. 최근 들어 이 지역의 빌딩 가격이 많이 올랐으며, 장기적으로도 투자가치가 높은 곳이다.

또한 이태원동이나 해방촌과 후암동 쪽도 많이 찾는다. 해방촌 쪽은 언덕길에 위치하여 찾아가기 힘든 곳이긴 하지만, 서울 시내를 한눈에 볼 수 있을 정도로 조망이 좋아 많은 사람들이 찾고 있다.

용산지역에서 투자가치가 높은 지역을 추천한다면 단연 한남동이다. 일단 거래량이 많다는 건 가격이 계속 오르고 있다는 것이고, 강남에서 한남대교만 건너면 바로 한남동이라 강남 사람들도 오고 가기 편하다는 장점이 있다. 또 이색적인 곳을 좋아하는 젊은 층의 취향에도 맞기 때문에 한남동만의 독특한 분위기는 더욱 인기를 끌 것으로 보인다. 최근 한남 3구역을 시작으로 다른 구역들도 재개발이 된다면 한남동의 투자가치는 더욱 높아질 것으로 예상된다.

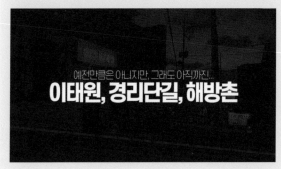

성수동

성수동은 몇 년 전까지만 해도 노후된 공장밖에 없던 낡은 지역이었지만, 최근에는 노후된 건물들의 개성을 살려 리모델링하거나 신축을 하며 동네 분위기가 많이 바뀌었다. 또 갤러리아 포레, 아크로 포레스트, 트리마제 등 고급 아파트들이 들어서면서 제2의 강남으로 불리고 있다.

성수동은 성수동1가와 성수동2가가 있는데, 성수동1가는 어느 정도 개발이 되어 상권이 활발하지만, 성수동2가는 아직 노후된 공장이 많이 있다. 앞으로 성수동2가도 개발이 진행되면 상권이 확장될 것으로 예상된다.

성수동1가에서는 갤러리아 포레 앞 아뜰리에길, 뚝섬역 인근, 성수동 카페거리, 연무장길 등을 많이 찾고 있다. 특히 이곳에 있는 서

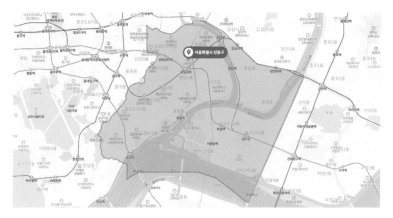

(출처 : 네이버 지도)

울숲은 정말 매력적인 공간이다. 서울숲은 주거시설과 도심이 잘 어
우러져 있어 주변 상권이 더욱 확장될 것으로 예상된다. 앞으로 도심
지역의 트렌드는 너무 상업적인 공간이 아닌 자연과 잘 어우러진 공
간이 더욱 각광을 받을 것으로 예상되는데, 그 대표적인 곳이 바로
서울숲이다.

성수동2가는 최근 개발이 많이 진행되었지만 아직까지 공장들이
더 많은데, 이런 노후된 공장의 분위기를 살려 색다른 공간을 만들기
도 한다. 대표적으로 공장을 카페 겸 전시장, 레스토랑으로 바꾼 대
림창고처럼 공장의 느낌을 최대한 살리면서 서울 어디에서도 볼 수
없는 유니크한 공간을 연출하기도 한다.

또한 성수동은 용도지역이 준공업지역이고 큰 땅들이 많기 때문에
큰 규모의 지식산업센터가 많이 생겨나고 있다. 땅의 가치로 봤을 때
준공업지역은 토지 활용도가 좋고, 상업지역보다 상대적으로 저렴하
다는 장점이 있다. 그리고 강남과의 거리도 가까워 회사 사옥들이 많

이 이전을 하고 있다. 성수동은 앞으로 레미콘 부지 개발, 한강변 주거시설 개발 등 여러 호재들이 많아 서울에서 투자가치가 높은 지역이 될 것으로 예상된다.

홍대, 연남동, 망원동

홍대는 오래전부터 상권이 형성된 곳이어서 투자자들이 지속적으로 관심을 갖는 지역 중 하나이다. 최근 들어 상권이 안 좋아졌다는 기사들이 올라오고 있지만 오랜 기간 상권이 유지되었던 곳이고, 서울 북서쪽 상권을 대표하는 곳으로 서울 사람뿐만 아니라 일산, 김포, 광명 등 수도권 사람들까지도 친구나 지인들을 만날 때 홍대에서 만나는 경우가 많기 때문에 앞으로도 상권은 꽤 오래 유지될 것으로 보인다.

특히 홍대입구역은 지하철 이용객이 가장 많은 2호선, 서울의 동서를 연결하는 경의중앙선, 김포공항과 인천공항을 지하철로 이동 가능한 공항선 등 3개 노선이 환승하는 곳이다. 공항선의 경우는 공항까지 한 번에 연결되기 때문에 외국인들이 홍대 주변에 숙소를 많

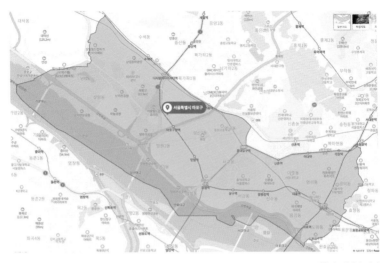

이 잡는다. 덕분에 숙박사업과 게스트하우스 등이 발달되었고, 외국인들이 많아지면서 상권은 더욱 활발해졌다.

　홍대 상권은 홍대 클럽거리, 홍대 정문, 잔다리길, 주차장길, 놀이터 주변 등을 메인으로, 북쪽으로는 오복길, 다복길, 경의선 숲길로 연결되고, 남쪽으로는 합정동 카페거리, 상수역 인근, 더 나아가 당인리발전소까지 상권이 내려가고 있다.

　홍대 다음으로 유동인구가 많은 곳은 연남동으로, 경의선 숲길(일명 연트럴파크) 기준으로 이면까지 상권이 형성되어 있는데, SNS 덕분에 좁은 골목까지 상권이 확장되고 있다. 이 지역은 술 먹는 분위기의 홍대 클럽거리와는 다른 느낌이고, 경의선 숲길 공원으로 이어져 자연과 도심이 어우러진 이색적인 동네 분위기로 인해 다양한 연령대의 사람들이 많이 찾고 있다. 특히 주말에는 가족 단위로도 많이 찾고 있다.

그리고 망원동도 망원시장을 중심으로 상권이 계속 확장되고 있는데, 최근에는 한강공원을 이용하는 사람들이 많아지면서 한강을 가기 전에 망원동에서 음식을 먹거나 포장해 가는 경우가 많다.

강북지역에서는 아직 홍대를 대체할 만한 상권은 없다고 보기 때문에 홍대, 연남동, 망원동은 앞으로도 투자자들이 많이 찾는 지역이 될 것으로 예상한다.

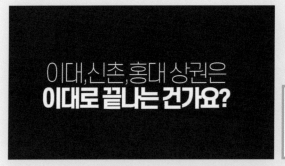

대세가 된 꼬마빌딩, 당신도 이제 건물주가 될 수 있다
빌사남이 알려주는 꼬마빌딩 실전 투자 가이드

초판 1쇄 발행 2020년 12월 30일
초판 13쇄 발행 2022년 10월 10일

지은이 **김윤수**
펴낸이 **백광옥**
펴낸곳 **(주)천그루숲**
등 록 2016년 8월 24일 제2016-000049호

주 소 (06990) 서울시 동작구 동작대로29길 119
전 화 0507-1418-0784 팩스 050-4022-0784 카카오톡 천그루숲
이메일 ilove784@gmail.com

기획 / 마케팅 백지수
인쇄 예림인쇄 제책 예림바인딩

ISBN 979-11-88348-80-0 (13320) 종이책
ISBN 979-11-88348-81-7 (15320) 전자책

대세가 된 **꼬마빌딩**,
당신도 이제
건물주가 될 수 있다